O que os homens *realmente* querem na cama

CARO LEITOR,

Queremos saber sua opinião sobre nossos livros.
Após sua leitura, acesse nosso *site* (www.editoragente.com.br),
cadastre-se e contribua com sugestões, críticas e elogios.
Boa leitura!

O que os homens *realmente* querem na cama

CYNTHIA W. GENTRY E NIMA BADIEY

Tradução de Virgínia Lobo

Editora Gente

Editora
Rosely M. Boschini

Coordenação editorial
Fernando Fernandes

Assistente editorial
Rosângela Barbosa

Capa
Daniel Rampazzo/Casa de Idéias

Foto de capa
Getty Image

Produção
André Medella

Copidesque
Sandra Silva

Preparação
Ana Cortazzo

Projeto Gráfico
Neide Siqueira

Editoração
Join Bureau

Revisão
Adriana Cristina Bairrada

Título original: *What men really want in bed. The surprising secrets men wish women knew about sex*

Rua Pedro Soares de Almeida, 114
São Paulo, SP - CEP 05029-030
Telefone: (11) 3670-2500
Site: http://www.editoragente.com.br
E-mail: gente@editoragente.com.br

Dados Internacionais de Catalogação na Publicação (CIP)
(Câmara Brasileira do Livro, SP, Brasil)

Gentry, Cynthia W.
O que os homens realmente querem na cama / Cynthia W. Gentry e Nima Badiey ; tradução de Virgínia Lobo. — São Paulo : Editora Gente, 2008.

Título original : *What men really want in bed.*
ISBN 978-85-7312-593-1

1. Comunicação em sexo 2. Homens – Comportamento sexual 3. Relações sexuais 4. Sexo I. Badiey, Nima. II. Título.

08-01427 CDD-306.7081

Índices para catálogo sistemático:

1. Homens : Comportamento sexual : Sociologia 306.7081

Para Cameron

Sumário

Capítulo Um

O que os homens *realmente* querem na cama?

Pergunte a eles! (Nós perguntamos.)

Faça uma rápida consulta à seção sobre "educação sexual" de qualquer livraria. Ali, você descobrirá que a maioria dos livros é escrita por mulheres, muitas das quais apresentam níveis avançados de formação. Você encontrará também todo tipo de orientação, desde como praticar uma felação (sexo oral no homem) "de virar a cabeça" até como alcançar um orgasmo em menos de cinco minu-

> **ELE FALA**
> Olá, meu nome é Nima, o seu co-piloto nesta jornada. Eu sou uma espécie de interlocutor neste livro, aparecendo de vez em quando para acrescentar algumas gotas específicas da sabedoria masculina. Considerando que eu sou o homem neste relacionamento, minhas intervenções não são baseadas em dados de pesquisa nem em fatos mensuráveis; são apenas minhas singelas opiniões. Mas, lembre-se, sou eu... o homem.

tos ou proporcionar a um homem a melhor noite que ele já teve na vida. Há certos manuais que até garantem várias centenas de "técnicas avançadas" para "deixar um homem louco na cama." (Achamos que estaríamos exaustos antes de experimentar a décima técnica, o que dirá várias centenas... Mas essa é nossa opinião.) Entretanto, em todas essas prateleiras de livros, há uma voz esquecida. A voz de um homem de verdade.

Conseguir a orientação sincera de outras mulheres, sejam especialistas ou não, é ótimo. Porém, o que o seu homem, um ser comum, vigoroso e sem Ph.D. quer na cama? Será que ele realmente precisa de uma mulher conhecedora de centenas de técnicas avançadas, ou será que tudo o que ele quer é você vestida de um belo sorriso? Com este livro, procuramos responder a essas perguntas. Nosso objetivo foi, finalmente, oferecer aos homens a oportunidade de compartilhar não só as suas reais preferências sexuais, como também tudo aquilo que os desagrada. Quem melhor do que um homem para discutir a própria sexualidade? Essa idéia surgiu da experiência de Cynthia ao escrever *The bedside orgasm book* [O livro de cabeceira do orgasmo]. Como parte da sua pesquisa para esse livro, ela pediu a vários homens, amigos seus, que lhe relatassem a coisa mais excitante que uma amante já havia feito com eles na cama. Ela também quis saber como as parceiras desses homens os fizeram se sentir especiais e amados. Suas respostas simples e sinceras lhe mostraram que havia ali um reservatório intocado de informações, deitado na cama ao lado das mulheres, esperando para ser revelado. Mas nós, mulheres, talvez por timidez, vergonha ou por não nos sentirmos à vontade com nosso parceiro perdemos a oportunidade de descobrir suas preferências, fazendo simples perguntas. Em relacionamentos longos, é muito comum que exista uma certa acomodação, e os dois se esqueçam de dedicar uma atenção especial um ao outro de vez em quando.

Estabelecendo contato com os homens

Para a concretização deste livro, ampliamos nossa rede, utilizando também a internet. Realizamos uma pesquisa *on-line* em determinado *site* e lá pedimos aos homens que contassem tudo o que eles gostariam que suas esposas e namoradas soubessem sobre sedução, carícias preliminares, sexo oral, masturbação, penetração, posições sexuais, auto-imagem, entre outros temas.

Antes de prosseguirmos, precisamos chamar sua atenção para os seguintes detalhes. Em primeiro lugar, essa *não* foi uma pesquisa científica de nenhum ponto de vista. Nós não somos sociólogos, tampouco cientistas (a não ser que você considere pertinente a formação de Nima em engenharia mecânica, que trata, se pensarmos bem, do entrosamento e do funcionamento das coisas.) Em segundo lugar, também não somos sexólogos como Alfred Kinsey. Somos apenas pessoas normais com uma curiosidade acima do normal sobre assuntos ligados ao sexo. Fizemos uma série de perguntas porque, simplesmente, *nós* queríamos saber as respostas.

Enviamos a pesquisa a todos os homens que conhecíamos e solicitamos a eles que a encaminhassem a seus amigos. Também enviamos o mesmo questionário a algumas mulheres, solicitando-lhes que o repassassem a seus maridos, namorados e amigos. No final, conseguimos alcançar cerca de 300 participantes espalhados pelos Estados Unidos, além de alguns de outras partes do mundo. Com idades variando entre 23 e 64 anos, esses homens eram estudantes, arquitetos, eletricistas, ativistas políticos, cientistas e enfermeiros. Além desses dados, não obtivemos mais informações sobre esses homens para que pudéssemos comparar, por exemplo, as opiniões sobre sexo oral de um californiano e as de um francês. Alguns deles preferiram permanecer no anonimato; outros adotaram pseudônimos; outros, ainda, não viram problema em assumir sua verdadeira identidade.

As respostas deles ofereceram um painel fascinante sobre a psique masculina. Algumas vezes, suas observações chegaram a nos surpreender. Não imaginaríamos, por exemplo, que os homens norte-americanos classificariam o bumbum como a parte mais sensual da anatomia feminina, mais que os seios. Entretanto, houve respostas que confirmaram o que já suspeitávamos: os homens, em geral, são seres humanos decentes, que realmente desejam que suas parceiras tenham prazer durante o sexo e farão o que for preciso para garantir que elas o alcancem. Em troca, tudo o que eles pedem é que você mostre um pouco de entusiasmo e lhes *diga* o que quer, em vez de esperar que eles leiam a sua mente.

Escrever este livro confirmou a nossa crença de que a maioria dos problemas que enfrentamos em nossos relacionamentos poderia ser resolvida se apenas conversássemos com nossos parceiros em vez de chorar as mágoas com os nossos amigos ou nos comparar com as celebridades presentes nas revistas. Nossa esperança é que *O que os homens realmente querem na cama* possa ser o ponto de partida para uma verdadeira troca, incentivando a conversa entre mulheres e seus amantes.

Capítulo Dois

"A sedução é melhor que o orgasmo."

George, 50 anos, advogado

Os segredos da sedução

Vocês dois acabam de trocar olhares em uma festa. Ou talvez já seja o seu terceiro encontro. Quem sabe vocês já estejam casados! Não importa em que fase do relacionamento estejam, o que importa é saber se ele está interessado em levá-la para a cama (dica: é quase certeza que ele está) ou apenas enrolando com conversinhas fiadas. Como mostrar que você está disposta, seja ele o seu marido, que não desgruda os olhos da TV ou do computador, ou aquele rapaz *sexy* que você acabou de conhecer?

Perguntamos aos homens o que eles gostariam que as mulheres soubessem sobre a antiga arte da sedução, ou seja, o que eles gostariam que elas soubessem sobre os métodos que os homens usam para levá-las para a cama. Também perguntamos a eles como gostariam de ser seduzidos. O motivo é que descobrimos que os homens adoram quando as mulheres tomam a iniciativa. Além disso, segundo eles, a sedução é uma via de mão dupla!

Do que os homens gostariam que as mulheres soubessem sobre sedução

Se você pensa que os homens gostam de ser seduzidos, está totalmente certa. E mais ainda. Aqui está o que a nossa pesquisa revelou:

A maioria dos homens pensa constantemente em sexo. Isso significa que, se eles se sentirem atraídos por você, o mais provável é que tentarão levá-la para a cama (considere isso como um elogio) e usarão quase todos os meios para conseguir o que querem.

Isso não significa que eles sejam más pessoas. Significa apenas que são libidinosos.

"Os homens sempre querem fazer sexo", afirma Ruy, professor, 45 anos. "Se mostrarem algum sinal de atração ou interesse, eles vão querer levá-la para a cama."

DICA nº 1:
Os homens (bem, quase todos eles) estão sempre procurando seduzir uma mulher.

Alguns homens são ainda mais francos: "Se eu me sentir realmente bem, vou querer dormir com você", diz Roberto, consultor autônomo, 45 anos.

O analista financeiro Miguel, 27 anos, concorda: "Saiba que quase todo tipo de relação ou interação que mantemos tem como objetivo levar você para a cama", afirma ele, "e você já deveria saber disso. Somente um cara em mil realmente quer levá-la para casa para simplesmente 'conversar'".

Guarde essa informação para a próxima vez que um homem abrir o coração para você: "Qualquer cara honesto que fale desembaraçadamente sobre as próprias emoções está tentando seduzi-la", declara Silas, programador de *software,* 36 anos. (Observe a palavra *desembaraço.* Em geral, os homens não estão habituados a falar sobre seus sentimentos, portanto, se ele começar a abrir o coração para você depois de certo tempo de convivência, não se preocupe, pois, provavelmente, esse é um bom sinal. Porém, se isso acontecer no primeiro encontro, fique alerta.

Não pense que ele irá esperar até o sol se pôr para fazer uma investida. "Convidá-la para almoçar ou para uma xícara de café é, na verdade, um convite para fazer sexo à tarde", conta Rubens, gerente de vendas, 36 anos.

Alguns homens usam linguagem não-verbal para mostrar que estão interessados. Ele toca rapidamente o seu braço, ombro ou costas? Passa suavemente a ponta dos dedos nas suas coxas? Isso é um bom sinal de que ele está interessado em algo mais do que uma simples brincadeira.

"Os homens refletem os estímulos que eles induzem em suas mulheres", diz Cleiton, agente de controle de animais, 31 anos. "Quando eu toco minha mulher sensualmente, sinto a mesma sensação, como se ela estivesse me tocando dessa maneira. Fazendo isso, espero provocar um círculo sem controle de espontaneidade."

Além disso, lembre-se de que, em certa medida, os homens esperam que você *saiba* que eles estão tentando seduzi-la. "As mulheres sabem que somos cheios de lábia", confessa Roni, estudante de pós-graduação, 29 anos. Mas não é justamente isso que deixa o jogo tão divertido?

Não importa o quanto eles estejam determinados em levar você para a cama, não pense que os homens esperam ser bem-sucedidos

DICA nº 2:
Mulher difícil só é divertida na hora de dizer adeus.

logo de cara. Para muitos deles, parte do que torna a sedução tão emocionante é a deliciosa sensação da incerteza. "A caçada é quase sempre tão excitante quanto a captura", observa o produtor de filmes Alison, 35 anos.

Isso não significa que você deva resistir às investidas dele indefinidamente, é claro, se você estiver realmente interessada nele. "Difícil de conquistar é muito chato; já uma leve resistência é estimulante", afirma Roger, advogado de 39 anos. "A caçada só é excitante se o cachorro em algum momento consegue pegar a raposa. Se a raposa escapa, tudo não passa de uma correria sem sentido."

Portanto, não tenha medo de demonstrar o seu interesse. "Os homens estão sempre à procura de sinais que indiquem que a mulher está interessada em sexo", observa Walter, gerente de *marketing*, 27 anos, "por isso, uma mulher deveria deixar bem claro para o homem quando ela se sente atraída". Existem muitos homens que não gostam de perder tempo com perseguições inúteis. Portanto, se jogar duro por muito tempo, você correrá o risco de ver a caçada terminar antes de ser capturada.

ELE FALA

Eu detesto, detesto, detesto a expressão "mulher difícil!". Se você quer dormir com um cara na mesma noite em que o conheceu ou no primeiro encontro, faça isso! Apenas se lembre de se cuidar e não espere nenhum envolvimento. (Imagine que surpresa agradável será se ele de fato ligar para você depois.) Se decidir não ir para a cama com ele logo de início, faça isso porque você deseja se proteger emocionalmente, e não porque você quer pôr em prática alguma estratégia idiota para segurá-lo.

"Os homens sabem que não devem ser tão diretos, mas não gostam de fazer joguinhos", é a opinião do cientista Nelson, 31 anos. "Se um homem expressa o seu interesse, ele quer você, ponto final. Contudo, se ele não receber sinais claros de aceitação, é provável que irá desistir e partir para outra."

DICA nº 3:
Seduzir uma mulher é mais difícil do que parece.

DICA nº 3A:
Os homens também são seres humanos.

O segredo é saber que a sedução envolve uma boa dose de alegria e divertimento. "Nós experimentamos o terreno, por meio da paquera e do xaveco, só para ver a sua reação", comenta Breno, arquiteto de 40 anos de idade. "Se você se ofende com comentários como 'suas pernas são fantásticas' ou 'o seu bumbum é lindo', então não vamos tentar seduzi-la. Fique tranqüila!"

Garotas, tenham um pouco de compaixão por seu homem! Sim, os homens desejam seduzi-las. Contudo, isso *não* significa que eles realmente saibam o que fazer. O músico T. J., 42 anos, expressa bem a questão: "Gostaria que as mulheres soubessem como é difícil, na verdade, seduzir uma garota. Cada mulher reage de uma maneira diferente e, mesmo assim, espe-

ELE FALA

Os homens são seres simples. Admito isso sem restrições. Não entendemos as ligações que permanecem sem retorno, ou coisas como: "Ligo para você depois". A falta de interesse tem o mesmo significado para nós como tem para você, mas, na incerteza, somos mais predispostos a continuar a caçada, a não ser que existam claros sinais de que tudo será inútil. Por isso, não tenha medo de expressar-se com clareza (positiva ou negativamente). Apenas se lembre de que o que vai volta, por isso, se você tiver de fechar a porta, feche-a definitivamente, mas de forma gentil.

ra-se que os homens sejam capazes de antever cada situação e de se adaptar a cada uma delas".

Todos os homens de nossa pesquisa confessaram ter certas inseguranças em relação à sua capacidade de seduzir uma mulher:

- "Apesar das aparências, nós também nos sentimos bem inseguros quanto a ir para a cama com você. Por isso, dê um sinal legível. Se possível, seja amável (assim, será bom para nós dois)", Samuel, consultor de negócios, 46 anos.
- "A maioria dos homens não sabe como seduzir uma mulher", Mauro, empregado de restaurante e estudante, 23 anos.
- "Existem muitos homens que não sabem como levar uma mulher para a cama. Eles agem aos trancos e barrancos. Muitos deles são sinceros, mas inseguros quando se trata da sedução. Aqueles que se sentem confiantes como sedutores são, em geral, uns idiotas e estragam tudo por nós todos", J. B., engenheiro de *software*, 50 anos.
- "Realmente não sabemos o que fazer com as mulheres. Tenha dó de nós", Renan, estudante de pós-graduação, 27 anos.
- "Alguns caras são tão inseguros em relação ao corpo quanto as mulheres. Muitas vezes, levar uma garota para a cama é só uma oportunidade de glorificar o corpo dela", Jerônimo, profissional de *marketing*, 45 anos.

Portanto, seja sensível aos sentimentos dele (veja a dica nº 3A, na página anterior). Se você não estiver interessada nos avanços dele, não arraste a situação. "Ninguém gosta de ser rejeitado, mas não há problema em uma mulher ser direta e dizer não, obrigada", adverte Marcus, 47 anos. "Apenas seja delicada. Em vez de não ligar ou ser excessivamente polida, diga que você é comprometida ou simplesmente que não está afim."

DICA nº 4:
Os homens não são idiotas.

Essa observação nos leva à próxima e, possivelmente, mais importante dica sobre os homens e a sedução:

Sim, os homens gostam de sexo e estão sempre procurando conquistar você para transar com eles. Contudo, isso *não* quer dizer que todo homem simpático que encontrar seja um conquistador hipócrita, que só pensa em conseguir uma noite e nada mais. "Eles realmente gostam de você," avisa Peterson, representante de vendas, 42 anos.

"A maioria dos homens nem sequer tenta empregar 'táticas', como frases feitas e apoio no álcool, para ajudá-lo a ficar mais desinibido", revela Jackson, artista gráfico de 52 anos. "Na verdade, a maior parte dos caras que conheço rejeita completamente a idéia de manipular as mulheres (ou quem quer que seja) para fazer seja lá o que for."

Os homens entendem que você precisa confiar em um homem antes de se tornar íntima dele. O analista financeiro Bruce, 31 anos, fala por muitos quando diz: "Primeiro, quero construir uma relação de confiança com uma mulher para que ela saiba que pode estar na cama comigo sem se sentir mal".

De fato, toda idéia de sedução perturba muitos homens. "Não é que eu seja um santo, mas seduzir uma mulher só para levá-la para a cama verdadeiramente não faz a minha cabeça", afirma Patrick, 41 anos, profissional de *marketing*. "Se sinto que existe uma ligação enquanto nos beijamos, sei que, cedo ou tarde, terminaremos no quarto."

Assim, não elimine aquele rapaz simpático que não tem a investida mais encantadora. "Homens que parecem muito charmosos estão, provavelmente, acionando uma habilidade que aprenderam, o que, portanto, não significa que são, de fato, caras legais. Em contrapartida, homens que não têm nenhum charme aparente talvez sejam os únicos que verdadeiramente valem a pena", alerta Richard, professor de 35 anos. "É bem mais fácil e muito mais divertido ensinar um cara legal a ser charmoso do que ensinar um homem charmoso a ser um cara legal."

> **ELE FALA**
>
> Sexo é bem mais do que a Peça "A" no Encaixe "B". Não estamos montando nenhum móvel em nossa casa, estamos praticando a arte da sedução, portanto, é extremamente importante permanecer aberta em relação aos seus sentimentos e desejos. **Fato Curioso:** Os homens sabem apenas 1% do que as mulheres gostariam que eles soubessem, assim, se você realmente deseja que um cara faça alguma coisa especial, você tem de dizer a ele. Ouvimos muitas mulheres se queixarem de que os melhores homens já foram fisgados ou são *gays*. Se você encontrar um cara legal, "invista" nele. Não temos todo o conhecimento necessário para satisfazer uma mulher, mas, se você empenhar tempo e esforço, as suas recompensas serão exponencialmente maiores. Lembre-se: estamos dispostos a aprender se você estiver disposta a ensinar!

Alguns homens foram muito honestos ao compartilhar conosco os seus segredos de sedução, enquanto outros simplesmente preferiram a discrição. "Acho que não há nada especial quando o assunto é seduzir uma mulher", disse um homem que não quis se identificar. Um outro comentou: "Por que entregar o jogo?".

Será que esses homens são mestres da sedução a tal ponto que revelar seus métodos arruinaria todo o seu encanto? Não completamente. Eles apenas acreditam que o mistério é o principal ingrediente entre homens e mulheres.

DICA nº 5:

Por que entregar o jogo?

"As mulheres não precisam saber o que fazemos para seduzi-las", diz o diretor de filmes Bruno, 29 anos. "É por isso que esse jogo é tão interessante. Se elas soubessem de todos os truques, não seria mais tão excitante."

Evidentemente, existe outra razão para os homens terem sido tão reservados sobre revelar suas estratégias de sedução: eles acreditam que as mulheres já conhecem seus truques. "Acho que as mulheres não precisam saber nada mais sobre o que os homens fazem para conseguir levá-las para a cama", ri P. B., *headhunter* de 51 anos. "Elas já acumularam bastante experiência na área."

> ELE FALA
>
> A maior e mais feliz surpresa que se pode ter é saber que alguém é louco por você, especialmente quando não se fazia a menor idéia de que ele estava interessado. (É claro, isso é muito bom se você também estiver interessada.) Não existe nada mais sensual do que uma mulher que seduz um homem. Adoro a idéia de ser convidado para jantar, paparicado, agradado e... tudo o mais. Além disso, gostamos de ficar embaixo durante o sexo (é mais fácil quando deitamos de costas).

Garotas, vocês podem tomar a iniciativa!

Então, os homens gostam da sensação gerada pela sedução. Porém, isso não quer dizer que eles sempre façam questão de assumir todo o trabalho. Nesse caso, será que os homens gostam que as mulheres tomem a iniciativa? Extraordinários 57% dos nossos participantes responderam com um sonoro "Sim, com certeza!". Outros substanciais 43% disseram que tudo depende da mulher e da situa-

ELE FALA / ELA FALA

Nima pergunta: Você já ouviu um homem dizer não para o sexo?

Cynthia responde: Ah, quanta ilusão achar que isso é impossível, querido. Acredite se quiser, mas isso acontece de verdade. Por isso, nem tente pegar o seu homem durante o último jogo do campeonato ou quando ele estiver estressado ou simplesmente cansado. Repita essa frase como se fosse um mantra: "Os homens também são seres humanos".

ção. Nem um homem sequer afirmou que prefere tomar a iniciativa.

Um deles comentou que o jogo de dar e receber da sedução é o que faz a coisa toda interessante entre os sexos: "Às vezes, as mulheres *precisam* seduzir os homens para manter o equilíbrio da tensão sexual", diz Mário, gerente de tecnologia, 34 anos. O corretor de imóveis Daniel, 38 anos, concorda com ele: "Presumindo que eu sempre queira levar uma garota para a cama, o que algumas vezes não é verdade, eu diria que as mulheres precisam se sentir mais à vontade ao tomar a iniciativa".

Sem falar no fato de que muitos homens estão simplesmente cansados de jogar na posição de sedutor. "É duro para nós ter de dar o primeiro passo em cada atitude", queixa-se Paulo, 29 anos, estudante de pós-graduação. "Por que isso não pode ser diferente de vez em quando?"

Como seduzir um homem

Bem, considerando que os homens *querem* ser seduzidos por você de vez em quando, qual é a melhor maneira ou o gesto mais sensual para mostrar a eles que está interessada? A seguir, relacionamos algumas dicas oferecidas pelos homens sobre como *eles* gostam de ser seduzidos:

DICA nº 1: Seja direta.

Atenção: os homens não podem adivinhar o que se passa em sua mente. Na verdade, Cynthia diz que jamais conheceu um homem sequer com percepção extra-sensorial, apesar de afirmar que Nima deveria "apenas saber" quando ela quer que ele leve o lixo para fora. Portanto, não seja tão reservada, pois dessa maneira ele não conseguirá decifrar se você está interessada ou não. "Vá direto à caçada", aconselha o músico Saulo, 52 anos, com um sentimento que foi compartilhado pela maioria dos participantes da pesquisa.

"Se uma mulher quer ficar comigo, ela deveria apenas se aproximar e me dizer", concorda David, administrador de sistemas, 43 anos.

"Eu *gosto* quando uma garota me diz que está interessada", confessa Tony, 27 anos, assistente de produção.

Além disso, quando um homem diz "seja direta", é exatamente isso o que ele quer dizer. Para Nelson, ouvir de uma mulher um explícito "fica comigo, meu bem" é a melhor maneira de seduzi-lo. Um outro aconselha as mulheres a "fazer a mesma coisa que eu faria com elas: deixem-me bêbado, digam-me que sou bonito e comecem a apalpar os meus peitos". O gerente de operações Alex, 32 anos, gosta de "um olhar e de ser conduzido para o quarto, para a sala ou até para o carro!".

Além de querer que você seja direta, os homens da nossa pesquisa dizem que querem que você se mostre como realmente é, porque eles acham que não existe nada mais repulsivo do que uma pessoa que tenta interpretar um papel. "Ser verdadeira é muito mais sensual do que fingir ser uma *femme fatale* ou uma mulher inalcançável", avisa

DICA nº 2: Seja verdadeira.

DICA nº 3:

Estabeleça o contato físico.

Patrício, escritor, 40 anos. "Um sorriso nos olhos é mais sensual do que fingir frieza ou volúpia."

"Eu gosto quando ela verbaliza o que quer e é plenamente confiante em sua sexualidade", revela William, 39 anos, consultor de negócios. "Quero saber que ela não está comigo apenas pela diversão."

Para um homem, a melhor indicação de que você deseja ter um contato físico é quando você estabelece... bem, um contato físico. Não existe nada melhor do que um toque, sutil ou não, para sinalizar o seu desejo para um homem.

> **ELE FALA / ELA FALA**
>
> Peças e receberás muito sexo. Caso seu negócio seja dar indiretas, dificilmente conseguirá expressar seu objetivo com clareza. Assim, não obterá aquele orgasmo de abalar as estruturas e de estourar os tímpanos que você tanto merece.

"Sei que ela está interessada quando começa a me tocar", conta Bruce. "Fico louco quando uma mulher toca o meu braço ou os meus ombros em público. Em geral, esse é um ótimo sinal."

Para alguns homens, um toque delicado ou supostamente "inocente" é o bastante. Qualquer um dos gestos que relacionamos a seguir é capaz de indicar o seu interesse:

- "Beijar a minha nuca", Saulo, músico, 52 anos.
- "Uma conversa espirituosa acompanhada de pequenos toques", Patrício, escritor, 40 anos.
- "Olhos nos olhos e toques suaves", Cláudio, músico, 34 anos.
- "Bom humor, incluindo leves toques em qualquer parte do meu corpo, especialmente na nuca", Samuel, consultor de negócios, 46 anos.

- "Contato físico delicado, sutil. Talvez um toque na minha mão", Daniel, corretor de imóveis, 38 anos.
- "Um toque intencional da mão dela em meu braço", Rafael, estudante de pós-graduação, 34 anos.
- "Uma pegada sutil em minha perna ou meu braço", Scott, estudante de pós-graduação, 29 anos.
- "Movimentos sinuosos do corpo, toques leves, casuais. Os seios dela roçando em mim", George, advogado, 50 anos.

Contudo, existem homens que se sentem estimulados por iniciativas mais agressivas. Ele não está entendendo a sua mensagem? Experimente uma das seguintes estratégias:

- "Um abraço apertado e um beijo de língua, ou uma piscada e um sorriso seguidos pelo gesto de passar a língua nos lábios", Anônimo.
- "Um beijo de língua bem molhado e um carinho nos genitais", Ruy, 45 anos, professor.
- "O corpo dela se esfregando em mim ou um beijo inesperado", Jonathan, consultor, 59 anos.
- "Uma carícia no interior da coxa", Peter, enfermeiro, 58 anos.
- Dê uma pegada no meu traseiro ou nos meus genitais! Sente no meu colo e me beije", Breno, arquiteto, 40 anos.
- "Uma vez a minha namorada lambeu os lábios, puxou-me pela camisa e arrastou-me para o quarto. Foi demais", Jerônimo, profissional de marketing, 45 anos.

Entretanto, não importa quantas vezes você "acidentalmente" se esfregar nele, lembre-se de que, cedo ou tarde, terá de falar sobre seu real objetivo. "Primeiro, se ela encontra qualquer motivo para me tocar repetidamente, esse é, sem dúvida, um sinal *sexy* do seu interesse, porém ela nunca dará continuidade a esse gesto, a menos que seja franca em relação ao que deseja ou gosta", opina Richard.

É certo que alguns homens gostam que você siga direto para a parte mais erógena de seu corpo: o membro. Contudo, não limite a sua estratégia de sedução a declarados ataques ao que ele tem entre as pernas, ou você poderá perder a oportunidade de deixá-lo verdadeiramente louco. "Os homens não se resumem a um pênis", adverte William, 39 anos. "Não se concentre só ali. Dê atenção a todo o corpo. Nós, homens, estamos repletos de zonas erógenas."

DICA nº 3A:
Não esqueça o resto do corpo dele.

DICA nº 4:
O segredo está nos olhos.

Não subestime o poder que os seus olhos têm. Muitas e muitas vezes, os participantes da nossa pesquisa citaram o "olhar" como o sinal mais preciso de que uma mulher deseja seduzi-los. O seu olhar pode ser rápido, constante ou totalmente direto. "Percorra-me com os seus olhos e seja muito clara em seu olhar", ensina Bruno, diretor de filmes, 29 anos. Aproveite essas outras sugestões:

- "Olhe em minha direção e, em seguida, para o quarto", Júlio, 51 anos (não indicou a profissão).
- "Um longo olhar, um sorriso sensual e um sussurro no ouvido", Tiago, gerente de logística, 44 anos.
- "Olhe diretamente para mim sem nenhuma conversa e reconheça a nossa atração", Alison, produtor de filmes, 35 anos.

Não é preciso ostentar olhos melosos ou vulgares para atingir seu objetivo. "Um olhar malicioso funciona para mim", confessa o ativista político Mateus, 46 anos. "Algo entre travesso e atrevido. Mais do que isso, pode me fazer rir, em vez de me deixar excitado."

> **ELE FALA / ELA FALA**
>
> **Nima diz:** Eis aqui outra dica. Brinque com a comida... de maneira sedutora. Se um cara não entende que você quer sexo quando suga aquele aspargo ou come aquela banana, então ele é um bunda-mole.
>
> **Cynthia responde:** Como se pode imaginar, essa técnica só funciona bem se você tiver a sorte de estar com um homem que tenha uma fixação por sexo oral.

Alguns homens reagem melhor a dicas verbais. "Nenhum homem resiste a uma mulher que caminha em sua direção e começa uma agradável conversa", reconhece Paulo, 29 anos. As sugestões para dominar a arte da sedução verbal incluem:

DICA nº 5: **Fale com ele.**

- "Inicie uma conversa e sustente-a", Selton, estudante e garçom, 27 anos.
- "Mantenha um papo malicioso. Um comentário indiscreto vai longe", Tom, advogado, 31 anos.
- "Mostre conhecimento sexual sem ser vulgar", Roger, advogado, 39 anos.
- "Assobie para mim. Faça-me elogios", Mateus, ativista político, 46 anos.
- "Envolva-me em uma inesperada conversa franca. Nem precisa ser sobre sexo", Silas, programador de *software*, 36 anos.

O elemento-surpresa também pode acelerar a máquina de um homem. Assim, incendeie sua imaginação quando ele menos esperar, e então ele ficará ofegante antes da hora. "Faça uma alusão ao sexo em um momento inesperado, como durante o almoço ou ao telefone", sugere Patrick, 41 anos. "Se você me disser do que gosta ou o que gostaria de fazer comigo mais tarde – e se eu souber que nós dois estaremos pensando na mesma coisa até realmente estarmos juntos – isso nos levará a encontros intensos."

DICA nº 6:
Divirta-se!

Se você tomar a iniciativa, pelo amor de Deus, aproveite. O sexo é para ser divertido, não uma batalha. Não há nada mais *sexy* do que uma mulher que honestamente gosta de sexo.

"Os homens gostam de ser seduzidos por mulheres que gostam de ser seduzidas", revela Giovane, escritor de 64 anos. "A mulher que não quer participar da própria sedução não conseguirá seduzir ninguém. A sedução é um processo interativo, não uma via de mão única."

Qual parte do seu corpo ele acha mais *sexy*?

Quando se trata de seduzir um homem, qual parte do corpo feminino ele prefere? A maioria dos homens – 25% – disse que é o seu bumbum. Nós investigamos um pouco mais o assunto para descobrir por quê:

- "A pele é *sexy*, as curvas também. A bunda tem as duas coisas. Além disso, mesmo quando uma mulher está praticamente nua, sempre há alguma coisa cobrindo parte dela, mesmo que seja só uma calcinha fio-dental. Por isso, toda vez que você consegue vê-la completamente despida, é muito sensual", David, administrador de sistemas, 43 anos.

- "Em geral, se uma mulher se cuidar um pouco, ela terá um bumbum bonito. Ou isso, ou devemos culpar Lévi-Strauss. Isso porque, graças a ele, podemos apreciar nossa mulher andar pelo quarto usando o seu *jeans* favorito", Patrick, 41 anos, profissional de *marketing*.
- "Por uma razão qualquer, curvas são muito sensuais. Além disso, a bunda é uma parte do corpo feminino muito saliente e excitante", Mauro, 23 anos, empregado de restaurante e estudante.
- "Acho que a bunda diz muito sobre uma mulher, além de ser a parte curvilínea que completa a forma de seu corpo (quando visto de cima para baixo). A bunda é uma das primeiras coisas que observo para saber se uma mulher é ativa ou atlética e se ela cuida do próprio corpo", George, 50 anos, advogado.
- "Acho que é porque a bunda é utilizada no sexo (para agarrar e apoiar) e porque é visualmente atraente", Anderson, 45 anos, eletricista.
- "Acho que a bunda combina com a minha posição favorita, de quatro. Não sei se posso explicar; é mais instintivo do que racional. Para mim, a bunda de uma mulher é a corporificação da sua própria sexualidade, as curvas complexas e a sua passagem secreta para o seu interior sagrado", Jaime, 50 anos, engenheiro de *software*.
- "Uma bunda bonita sempre parece ótima, não importa o que a mulher esteja vestindo, e acho que somos programados para automaticamente olhar em sua direção. É impossível olhar uma bunda bonita e não pensar em sexo", Patrício, 40 anos, escritor.

- "Trata-se de um instinto primitivo que carregamos desde a era do homem das cavernas, quando as garotas sempre fugiam de nós... enquanto, literalmente, as caçávamos. É a coisa mais natural para nos concentrar", Rubens, 36 anos, vendedor.

> **ELE FALA / ELA FALA**
>
> **Nima diz:** O termo "bundomaníaco" pode tanto ser uma alcunha depreciativa como um sinal de distinção. Os homens preferem pensar na segunda hipótese. Porém, nós apreciamos todas as partes do seu corpo. Se uma mulher tem uma bunda bonita, ou seios bonitos, ou pernas, ou olhos, ou lábios... então, a nossa obrigação é reconhecê-los e venerá-los.
>
> **Cynthia responde:** Não pense que uma bunda bonita equivale aos modelos turbinados que você vê nas revistas. Sempre tive consciência de ter o que considero um *airbag* traseiro considerável, mas Nima parece não conseguir manter suas mãos longe da minha bunda, não importa se eu vestia tamanho 38 (agora, só na memória) ou tamanho 44 (na gravidez). Isso me faz pensar que existe algum fundamento nessa coisa de relação cintura–quadril como medida da fertilidade.

Quando se referem ao instinto primitivo e ao fato de serem programados pela natureza, Rubens e Patrick podem ter razão. Perguntamos ao doutor Timothy King, antropólogo da Universidade de Stanford, por que as nádegas femininas seriam tão atrativas para os homens. "Na verdade, uma bunda não é apenas uma bunda – ela representa a relação nádegas–cintura ou o índice dos quadris" afirma o doutor King. "Uma bunda de certo tamanho é a demonstração da aptidão física de uma mulher, ou do consumo calórico saudável o suficiente para gerar uma prole, e a relação cintura–quadril indica a existência de um canal bastante amplo para garantir o nascimento dos filhos." (De fato, mulheres abaixo do peso normal que têm dificuldades para engravidar são, muitas vezes, aconselhadas a engordar, porque um índice de gordura muito baixo pode afetar a fertilidade de modo negativo, da mesma maneira que, no outro extremo, a obesidade também pode afetá-la.) Se, por um lado, essa observação não explica a atração que alguns homens têm por supermodelos extremamente magras, por outro oferece algumas informações sobre o impulso subconsciente ancestral que nos motiva. (A discussão desse tema é por sua conta.)

Então, se ele *não* está olhando para o seu bumbum, o que mais ele observa? Sem surpresas, considerando que os homens gostam de ser seduzidos por você, os olhos vêm em segundo lugar na preferência masculina, com 14% deles escolhendo o órgão da visão como o dote físico que mais os atrai. "Os olhos são as janelas para o tesouro", acredita Anderson, 45 anos. "Eles dizem se vamos conseguir alguma coisa. Sempre presto muita atenção ao que eles dizem."

Para a nossa surpresa, considerando a cultura americana, o busto apareceu em terceiro lugar. "Os seios também são cheios de curvas e de volúpia, como a bunda", opina Mauro, 23 anos. "Eles são macios e firmes, variam enormemente de mulher para mulher e são uma zona erógena. Muitas vezes, é possível ver uma parte deles (o decote), mas não tudo, e isso põe fogo na minha imaginação."

Poucos participantes escolheram os ombros. "Mencionei os ombros porque adoro as linhas muito femininas que começam no pescoço e na nuca e seguem pelos ombros", explica Paulo. "Além do mais, diferentemente do bumbum, do busto ou de outras partes, os ombros estão sempre ali expostos, para apreciá-los, tocá-los e beijá-los."

Alguns homens foram direto aos órgãos genitais femininos. "Acho que qualquer um que tenha explorado os 'países baixos' de

ELE FALA

Os homens notam tudo, mesmo quando fingem que não. Quando você muda o seu cabelo, pinta as unhas, usa uma roupa que mostre melhor as suas curvas, nós notamos todas essas coisas. Não somos pervertidos, apenas apreciadores das boas coisas da vida.

ELE FALA

Não importa o que você esteja vestindo, não se esqueça dos aromas. Nossos olhos são capazes de ver até 256 matizes de luz, nossos ouvidos podem perceber até 25 quilohertz e o nosso paladar é capaz de sentir quatro diferentes sabores. Porém, o nosso olfato tem a capacidade de identificar mais de 30 mil substâncias químicas diferentes. Dos cinco sentidos, o olfato é o mais associado à memória e aos feromônios, substâncias que produzem excitação. Ele é a sua arma mais poderosa, por isso, use-a.

uma mulher e tenha gostado sabe por que os homens são tão encantados com essa região do corpo feminino", pondera Patrick, 41 anos. "O cheiro. A textura. O gosto. A forma como se dilata e fica molhada quando tocada, para o prazer da sua dona. Ahhh, essa umidade."

Contudo, outros homens se recusaram a indicar apenas uma parte do corpo da mulher. "Só uma?!", protestou um deles. "Vocês devem estar brincando!" Eles consideraram a mulher como um todo ou algumas áreas dela. "É um pacote completo", afirma Peterson, enquanto T. J. diz que é atraído por "todo o rosto de uma garota, o pescoço e os cabelos, tudo junto".

Por fim, alguns participantes da nossa pesquisa disseram que enxergam diferentes tipos de sensualidade na mulher por inúmeras razões; outros foram mais específicos. Por exemplo, Xavier, engenheiro de 40 anos, disse que adora "coxas nuas", pois o fazem olhar para a beleza das pernas de uma mulher.

Vestida para matar

Se você quiser conquistá-lo, qual é a roupa mais sensual que você pode vestir? As respostas masculinas foram as seguintes:

- 21% disseram que eles gostam de roupas provocantes e sensuais.
- 14% gostam de roupas casuais, como *jeans* e camisetas.
- Outros 14% ficam excitados com *lingerie sexy*, como sutiãs e calcinhas de renda.
- 13% adoram quando você veste roupas de gala elegantes, como vestidos longos e de festa.
- 11% simplesmente preferem vê-la nua em pêlo.

Entretanto, um número substancial de homens tem sua própria opinião sobre os tipos de indumentária que deixam uma mulher sensual, desde blusas sem mangas a vestidos vaporosos de verão. Calças *jeans* são uma presença constante: "Camiseta justa branca, *jeans*, pés descalços, minha nossa!", exclama Anderson. Já Patrick, o profissional de *marketing* de 41 anos, gosta de "*jeans* apertados, frente única justinha e boné."

Enquanto alguns homens não são muito específicos ("todas as opções anteriores", como disse Benjamin, empresário de 37 anos), outros, acredite se quiser, preferem roupas usadas no trabalho:

- "Roupas casuais para trabalhar, porque eu as vejo em reuniões", Mário, 34 anos, gerente de tecnologia.

- "Todas as opções anteriores! E também roupas formais de trabalho", Patrício, 40 anos, escritor.
- "Vestuário profissional (saia, camisa etc.)", Richard, 35 anos, professor.

Além disso, outros homens definem *sexy* como tudo o que você usa e a faz se sentir bem. "Tudo o que combinar com a essência dela", afirma Jorge, 48 anos. "Qualquer roupa que mostre a autoconfiança da mulher", opina Demian, executivo de 41 anos. Por isso, se calças justas e blusas provocantes não fazem o seu estilo, não se preocupe. Se *você* se sentir sensual na roupa que está usando, vai dar tudo certo.

Ele irá respeitá-la no dia seguinte?

Quanto tempo leva para um homem correr para a sua cama depois de se sentir atraído por você? A resposta pode surpreendê-la: para a maior parte dos homens, depende de uma variedade de fatores, mas o mais importante deles é o elemento um tanto vago conhecido como *química*. Os participantes que entrevistamos foram categóricos sobre a sua importância.

- "Eu posso encontrar alguém bem interessante, mas se não existir química não vou fazer sexo com ela. A questão da química é muito importante porque não podemos controlá-la; ela surge do nosso bem-estar, da nossa atração genuína e do nosso respeito pela mulher. A química é também um ótimo sinal de um relacionamento duradouro", Anderson, 45 anos, eletricista.

- “Tudo depende da química! Se a personalidade de uma mulher for inexpressiva, chata ou desagradável, não importa qual é a sua aparência, nem o que está vestindo”, Patrício, 40 anos, escritor.
- “A química, assim como outros fatores, desempenha um papel muito importante por razões que eu desconheço. Às vezes, sinto um impulso sexual forte e instantâneo. Outras vezes, leva um certo tempo para desenvolver alguma atração”, George, 50 anos, advogado.
- “O que se passa entre quatro paredes, mesmo na primeira vez, é muito mais prazeroso quando se tem alguma intimidade mútua. Por exemplo, vários jantares casuais, alguns bate-papos leves por *e-mail* ou conversas por telefone. Tudo isso forma um cenário de expectativas que dirá se existe ou não interesse em levar o relacionamento para o campo sexual”, Patrick, 41 anos, profissional de *marketing*.
- “Se ela for muito chata, retraída ou vulgar, a ponto de me incomodar, não tenho interesse em transar, ainda que seja só uma vez. Se for uma pessoa por quem sinto uma ligação imediata e recíproca, não me preocupo em concluir o negócio na hora, porque sei que irei vê-la novamente”, Nelson, 31 anos, cientista.
- “É preciso haver uma boa química para que um relacionamento se desenvolva. Penso nisso ao me aproximar”, Peter, 58 anos, enfermeiro.
- “A química entre o casal direciona outros aspectos de um relacionamento. A sexualidade é apenas um canal para a comunicação. Poucos caras realmente querem ser astros pornôs, mas a maioria deseja que o seu relacionamento com

uma mulher tenha alguma chama sexual. Manter essa chama exige química", Mário, 34 anos, gerente de tecnologia.

Alguns homens são francos ao afirmar que desejam consumar a relação rapidamente. "Se tenho algum interesse na mulher, vou querer transar com ela o quanto antes", confessa um dos participantes. Roberto, vendedor, 36 anos, concorda: "Acredito que é um impulso hormonal querer levar para a cama, sem demora, uma mulher bonita".

Entretanto, há homens que preferem esperar, admitindo que, embora o desejo de transar com você seja grande, eles não se sentem obrigados a correr para a cama na mesma hora. "O sentimento pode ser imediato, a ação pode vir mais tarde", diz Jorge, 48 anos, consultor de *marketing*.

Paulo, 29 anos, acrescenta: "Algumas vezes, o desejo é puramente sexual, e você quer apenas tirar a cueca o mais depressa possível. Outras vezes, você quer levar a coisa toda mais devagar: quer conhecer a mulher, quer antecipar o que vai acontecer e, bem, talvez você também

ELE FALA

Não seja ingênua, quando um homem diz que quer conhecê-la melhor, *na verdade* ele quer dizer que quer fazer sexo com você. Mas isso não é uma coisa ruim! Para nós, o sexo é uma maneira de conhecer melhor uma mulher. É quando os dois se expõem, literalmente, e, por meio de um ato mecânico, ambos descobrem uma intimidade que não existia antes. Quantas vezes você confidenciou um segredo nebuloso ou sujo para o seu homem na cama? Para nós, o sexo é apenas uma forma de abreviar a conversa fiada e conhecer uma pessoa de um ângulo completamente diferente.

não deseje ir muito rápido por medo de foder (o trocadilho não foi intencional!) tudo! Não há nada de errado em cortejar e namorar um pouco à moda antiga".

Contrário ao que acreditamos, muitos homens preferem adiar a transa, *porque desejam conhecê-la melhor*. "Prefiro esperar até conhecê-la e me sentir à vontade", afirma David, expressando os sentimentos de muitos que responderam à nossa pesquisa.

Resultado final

No final das contas, toda dica de sedução vem acompanhada de uma grande advertência: todo homem é diferente. Sem dúvida, nossa pesquisa parece indicar alguns padrões gerais, mas o que funciona com um pode causar efeito contrário no outro, por isso é melhor você conhecê-lo antes para depois mostrar as suas melhores cartas. Seja autêntica e mostre a ele, pelo olhar, pela conversa ou pelo toque, que você está interessada, e tudo dará certo.

Capítulo Três

"As preliminares devem ser alegres e divertidas,

e sem pressa.

É a excitação que faz tudo mais gostoso."

Bernardo, 28 anos, engenheiro

As carícias preliminares preferidas

Há muito o que dizer sobre o sexo apaixonado e sem pudor – o tipo de sexo em que os dois se atracam como loucos. Contudo, os casais experientes sabem que as carícias preliminares podem levar os dois a um estado de delírio e excitação que transforma uma boa transa em uma relação sexual do outro mundo. Além do mais, sejamos francos, não é toda mulher que consegue ir de zero a cem em dez segundos: a maioria precisa de um pequeno aquecimento antes de entrar em ação. Como disse uma das amigas de Cynthia: "Você tem de esquentar a panela antes de colocar a carne dentro!".

Muitas garotas se queixam de seus homens por não terem paciência para excitá-las antes da penetração. Boas notícias: nossa pesquisa revelou que o caso não é só esse. Como ficou evidente, a maioria dos homens adora tudo o que leva aos "finalmentes". Perguntamos a eles o que os deixa mais excitados e o que os desliga antes mesmo de chegar ao quarto. Eles também revelaram os beijos de que mais gostam, suas zonas erógenas mais quentes e os tipos de carícias na região dos "países baixos" que os deixam loucos. Confira a seguir o que eles disseram.

Do que os homens gostariam que as mulheres soubessem sobre as preliminares

Eis aqui a verdade sobre homens *versus* carícias preliminares, diretamente da fonte.

DICA nº 1:
A maioria dos homens gosta das carícias, por isso relaxe e aproveite!

Em primeiro lugar, não se sinta culpada por precisar de um certo tempo para alcançar o clímax da excitação. Isso é fisiologicamente necessário. Além disso, descobrimos que a maioria dos participantes de nossa pesquisa gosta de passar um pequeno tempo aquecendo você. Eles preferem percorrer cada parte de seu corpo a ir direto ao ponto.

"As preliminares não são uma obrigação para nós – queremos fazer tudo para excitá-la", conta Nelson, cientista, 31 anos, resumindo o pensamento expresso por muitos homens que responderam às nossas perguntas. Portanto, relaxe e aproveite as sensações, porque é isso que ele quer que você faça. "Apenas sinta o prazer", ensina Lucas, estudante, 32 anos. Além disso, mostre para ele que você *está* gostando! "A atitude 'vamos acabar logo com isso' estraga tudo", revela Greg, 35 anos, engenheiro.

Também não se preocupe em retribuir às carícias imediatamente. Como ficou demonstrado, os homens gostam de dar (e dar e dar)! Boris, 43 anos, diretor de criação, observa que as mulheres "nem sempre precisam retribuir. Gosto de deixá-la relaxar e sentir o prazer sem que se preocupe em retribuir o que recebeu".

Entretanto, isso não significa que, quando for a vez do seu homem, você pode pular o aquecimento. Os homens que ouvimos adoram dar *e* receber:

- "Os homens também gostam das preliminares. Nós dois sabemos onde tudo vai terminar, por isso, vamos aproveitar bem o tempo", Patrick, 41 anos, profissional de *marketing*.
- "Adoro também ser beijado e tocado em todo o corpo!", Patrício, 40 anos, escritor.
- "Gostaria que as mulheres soubessem que a imagem dos homens encenada em filmes e novelas, muitas vezes, é fantasiosa. Os homens gostam de dar e receber muitas carícias", T. J., 42 anos, músico.
- "Não tenha medo de ser criativa ou de tomar a iniciativa. As carícias preliminares são uma delícia", Mauro, 23 anos, empregado de restaurante e estudante.
- "Gostamos desse filme tanto quanto você, desde que ele tenha um final feliz", Silas, 36 anos, programador de *software*.

Sim, alguns homens de nossa pesquisa consideram as preliminares "superestimadas" e declararam que nem sempre precisam delas, mas são uma minoria.

Portanto, não se preocupe se você não deseja chegar logo à penetração. Da conversa sensual durante o jantar aos beijos e carícias em todo o corpo dele, é provável que ele esteja gostando de tudo o que você faz. "Vá com calma", aconselha Peterson, representante de vendas, 42 anos.

DICA nº 2:
As preliminares podem começar antes do contato físico.

Antes de seguir adiante, vamos nos deter em uma questão fundamental. O que exatamente se pode chamar de "preliminares"? O senso comum define o termo como "a estimulação sexual que precede a penetração". Porém, isso não diz quando, onde e como essa estimulação pode ocorrer. Mas podemos lhe afirmar que as preliminares nem sempre precisam acontecer só depois que tiramos a roupa. Na realidade, "a excitação começa bem antes do que a maioria das mulheres pensa", afirma Giovane, escritor, 64 anos.

Como diz Silvio, 29 anos, estudante de pós-graduação: "As preliminares não precisam começar no quarto. Uma dança sensual em uma festa, uma carícia gostosa no cinema ou um olhar sedutor durante o jantar podem igualmente dar ótimos resultados, aumentando a excitação para o sexo".

Vamos colocar a questão da seguinte maneira: alguns flertes não tão inocentes põem sua mente para funcionar, fazendo você imaginar as delícias que virão. "Às vezes, precisamos de alguma fantasia", diz Jerônimo, 45 anos, profissional de *marketing*. "Boas preliminares começam horas antes do ato sexual propriamente dito e aumentam de intensidade ao longo da noite."

Portanto, não subestime o poder da imaginação. Certas palavras bem colocadas são capazes de incendiar vocês dois: "As melhores preliminares são as conversas 'sujas'", opina Bruce,

31 anos, analista financeiro, enquanto o engenheiro Xavier, 40 anos, diz que "o poder da sedução está no olhar".

ELE FALA

Metade dos caras com quem conversei admite que é mais difícil fazer uma mulher beijá-los do que dormir com ela. Isso deve acontecer porque o beijo é um ato muito íntimo.

Quer mais idéias? Consulte novamente o capítulo anterior "Os Segredos da Sedução" para se inspirar. Porém, não pense que você precisa de técnicas mirabolantes. Às vezes, tudo do que precisamos é um longo e ardente beijo.

DICA nº 3:

Um beijo não é apenas um beijo.

Aqui está uma outra revelação que os homens querem que você saiba sobre as carícias preliminares: aprenda a beijar bem. "Beijar é essencial", afirma William, 39 anos, consultor de negócios. "Prolongue os beijos ternos e sensuais para intensificar as sensações. O beijo diz tudo sobre como você é na cama. Quem beija mal provavelmente é ruim de cama."

DICA nº 4:

Fale claramente o que você deseja.

William não é o único homem a ressaltar o poder de um bom beijo. "Beijar é bom demais", conta Jonathan, consultor, 59 anos, resumindo a opinião de muitos.

Quer ter certeza de que as preliminares irão deixá-la pronta para a ação? Bem, manifeste-se! Não espere que ele adivinhe o que você quer. "Verbalize mais seus desejos", pede Saulo, músico de 52 anos. E Richard, 35 anos, professor, acrescenta: "É ótimo quando uma mulher, de um modo gostoso, ensina um homem a fazer tudo o que ela gosta.

Isso pode ser mais fácil do que se imagina. Lembre-se: ele é diferente de você, por isso precisa ser direcionado. "A maioria dos homens não sabe o quanto as preliminares são importantes para as mulheres", afirma Cláudio, músico, 34 anos. "Muitos homens não precisam delas da mesma maneira. Num estalar de dedos estamos ligados e prontos."

Como já dissemos, não há, absolutamente, nada de errado com o sexo louco de arrancar as roupas e se jogou na cama. Você e o seu homem podem simplesmente não ter tempo nem intimidade para investir horas em carícias preliminares. Como diz Breno, arquiteto de 40 anos: "Algumas vezes, é bom demais pular os preâmbulos todos e ir direto ao assunto!". (Apostamos que se vocês estão no ponto de querer *ter* um ao outro na mesma *hora*, é porque as preliminares mentais já estavam operando há certo tempo.)

ELE FALA

Se eu tivesse de escolher entre o antes e o depois, ficaria com a primeira opção. Entretanto, embora eu tenha prazer com as preliminares tanto quanto você, lembre-se de que nós normalmente não precisamos de muito estímulo para fazer a nossa máquina funcionar.

DICA nº 5:

Às vezes, é ótimo arrancar a roupa e encarar uma *rapidinha*.

Como em todos os aspectos relacionados ao sexo, você simplesmente precisa avaliar o grau de excitação de seu parceiro. "Seja explícita", sugere Samuel, consultor de negócios, 46 anos. "Às vezes, horas de carícias são maravilhosas; outras vezes, cinco minutos são perfeitos. Não existe nenhuma fórmula ideal." Viva o momento e saberá como agir.

Além disso, lembre-se de mostrar ao seu parceiro com clareza que está tudo bem para você, que, de fato, você gosta de uma rapidinha ocasional. "As regras normais da reciprocidade indicam que você tem de pagar primeiro e depois aproveitar as coisas", afirma Alex, gerente de operações, 32 anos. "Mostre-nos que isso nem sempre é necessário."

ELE FALA

Aproveite a oportunidade para praticar a esquecida arte do "amor sem horário". Se puder, arranje um tempinho de seu almoço para curtir uma bela tarde de amor. Com certeza, vocês dois voltarão para o trabalho com um grande sorriso estampado no rosto.

Quando você tem tempo de sobra, saiba que alguns homens adoram as longas sessões amorosas. "Prolongue as preliminares", aconselha P. B., *headhunter*, 51 anos.

DICA nº 6:

Leve o tempo que quiser.

"Não é uma simples corrida, é uma maratona (bem, talvez meia maratona)", declara Bernardo, 28 anos, engenheiro. "As carícias preliminares não devem ser rápidas. Devem ser alegres e divertidas, e sem pressa. É a excitação que faz tudo mais gostoso."

DICA nº 6A:

Um homem não se resume ao seu pênis.

Os participantes da nossa pesquisa gostariam que você soubesse que, embora adorem uma amante entusiasmada, eles precisam de delicadeza tanto quanto você. Não mergulhe direto nos "países baixos" nem pense que isso é o suficiente (mesmo que possa ser de vez em quando).

"Os homens também gostam de ser tocados", diz Marcus, 47 anos, gerente geral. "Use as mãos em todo o nosso corpo, e não apenas em nossos genitais. Descubra as *nossas* zonas erógenas."

Na realidade, embora já tenhamos afirmado no capítulo 2, vale a pena repetir aqui: os homens não se resumem a um pênis. "A estimulação direta nem sempre é boa", pondera Roger, advogado,

39 anos. "Se você está no clima, não manipule meu pênis como se ele fosse um botão de liga/desliga."

O mesmo disse Tiago, 44 anos, gerente de logística: "Por favor, não espere que o meu pênis responda com prontidão. Toque todo o meu corpo".

Roni, estudante de pós-graduação de 29 anos, coloca a questão de uma maneira mais rude: "Não passe muito tempo brincando com meu pau, pois ele será usado depois". De fato, "muita esfregação pode machucar!", alerta Selton, 27 anos, estudante e garçom.

> **ELE FALA**
> Em resumo, você precisa ser gentil. Mas não *muito*!

Isso não quer dizer que você deve ignorar completamente o membro do seu homem. "A estimulação genital durante as preliminares prolonga e intensifica o ato sexual propriamente dito tanto para o homem quanto para a mulher", explica J. B., 50 anos, engenheiro de *software*. "As mulheres precisam se sentir bem ao segurar, acariciar ou beijar o pênis de um homem. Não se trata de levar um cara ao orgasmo; trata-se de uma mulher encontrar prazer em excitar um homem, da mesma forma que um homem encontra prazer em excitar uma mulher."

Além disso, muitos de nossos entrevistados disseram que as mulheres precisam ser cuidadosas. "Não se esqueça de usar uma loção ou óleo quando for esfregar os nossos genitais", sugere Ruy, professor, 45 anos.

Quais carícias deixam um homem mais excitado?

Você já entendeu: os homens gostam das preliminares. A questão agora é: de que tipo? As respostas que obtivemos foram as mais variadas possíveis, porém, elas podem ser reunidas em algumas categorias gerais.

DICA nº 1: Os homens gostam de fantasiar.

Dizem que "99% do sexo acontecem na mente". Quando isso ocorre, temos as preliminares mentais. A imaginação dele começa a trabalhar bem antes de vocês chegarem ao quarto. Então, que tipos de jogos mentais sensuais enlouquecem um homem?

- "Conversas sugestivas", Oliver, 42 anos, educador.
- "Quando a mulher me diz que quer tomar a iniciativa", Bruce, 31 anos, analista financeiro.
- "Conversa *sexy*", Roger, 39 anos, advogado.
- "Quando ela me diz que está molhadinha", Miguel, 27 anos, analista financeiro.
- "Assistir a filmes pornográficos com ela", Peterson, 42 anos, representante de vendas.
- "Quando uma mulher fala o que quer e é honesta", Jackson, 52 anos, artista gráfico.
- "Os mamilos sensuais dela", Jorge, 48 anos, consultor de *marketing*.
- "Provocações em público das duas partes que duram horas", Jerônimo, 45 anos, profissional de *marketing*.
- "Carícias que começam bem antes de chegarmos ao quarto – como no carro voltando de um *show*, nos tocando, abraçando ou falando besteiras", Bernardo, 28 anos, engenheiro.

Algumas vezes, as preliminares mentais apelam mais para a visão. "Uma das coisas que mais me excitam é quando uma mulher se exibe ao caminhar, ao se movimentar, ao dançar e ao me olhar", diz Sérgio, 27 anos.

DICA nº 2:

Beijar nunca é demais.

Mesmo correndo o risco de parecer um disco quebrado, vamos repetir: aprenda a beijar bem e você será "boa" nas preliminares. Os homens adoram beijar e não apenas nos lábios. Mais e mais homens em nossa pesquisa incluíram os "beijos apaixonados" e "beijos por todo o corpo" como carícias que os excitam muito.

ELE FALA

Eis aqui uma idéia. Peça ao seu homem que lhe diga qual foi a última coisa que você fez que o deixou muito excitado. Você pode se surpreender com a resposta. Pode ser uma coisa tão simples como a vez em que você usou uma camiseta branca e calça *jeans* para ir a uma festa. Ou quando ele viu você com aquela saia curta. Tome nota de tudo e, assim que puder, repita essas experiências. Observe e a massa cresce uma segunda vez.

"Não existe nada melhor do que beijar apaixonadamente a mulher que amo num abraço apertado, acariciando a sua bunda", revela J. B., 50 anos. Por sua vez, Breno, 40 anos, acrescenta: "Gosto das preliminares com muitos beijos e carinhos, enquanto tiro a roupa dela e a beijo todinha. Gosto de deixá-la tão excitada que ela vai me implorar para possuí-la!".

Contudo, beijos ruins ou "desajeitados" são a "morte", disse o produtor de filmes Alison, 35 anos. Aprenda a usar os lábios!

DICA nº 3:

Experimente o toque sensual – primeiro a pele e, depois, todo o resto.

Existe a boca dele e o membro dele, assim como existem muitos outros terrenos disponíveis ao redor. Pense no corpo masculino como uma grande zona erógena. Afinal de contas, o nosso maior órgão é a pele. Veja que tipos de toque, segundo os participantes de nossa pesquisa, deixam qualquer homem louco:

- "Uma boa massagem no corpo inteiro", Silvio, 29 anos, estudante de pós-graduação.
- "Mordidinhas nos meus mamilos", Mário, 34 anos, gerente de tecnologia.
- "Toques diferentes. Às vezes fortes, intensos, outras vezes suaves, dependendo do nosso clima. Isso me excita demais", Samuel, 46 anos, consultor de negócios.
- "O movimento insinuante dos quadris", Xavier, 40 anos, engenheiro.
- "Muitas carícias e gemidos", Walter, 27 anos, gerente de *marketing*.
- "Toques lentos, suaves. Lábios no peito ou mão na coxa, mesmo quando ainda estamos vestidos", Silas, 36 anos, programador de *software*.
- "Toques mútuos por todo o corpo e muitos carinhos, especialmente no meu pescoço! Gosto dessa tortura gostosa recheada de muitas promessas de um final feliz, que virá a qualquer momento", Tiago, 44 anos, gerente de logística.
- "Carícias lentas e suaves", George, 50 anos, advogado.
- "Toques (em todo lugar) com um sorriso", Alex, 32 anos, gerente de operações.

ELE FALA

Experimente o seguinte. De maneira sedutora, toque de leve a nuca dele ou passe a mão na parte inferior das suas costas e, depois, observe a reação dele. Essas são as zonas erógenas mais subestimadas no homem.

- "Chupadas nas orelhas e nos mamilos, carícias nos cabelos, na bunda e, obviamente, nas 'partes mais íntimas' por dentro da perna", Christian, 34 anos, engenheiro de *software*.
- "Adoro me enroscar, sussurrando um para o outro, enquanto nossas mãos percorrem gentilmente nossos corpos", J. B., 50 anos, engenheiro de *software*.

Observe que o toque sensual deve ser, é claro, *sensual*. Não pode machucar (a menos que você goste disso). "Para mim, beliscões fortes ou brincadeiras em regiões que eu não gosto tiram toda a minha concentração e fogem da sensualidade do momento", diz Jerônimo, 45 anos. "Quando perco essa concentração, perco o desejo."

DICA nº 4:
Para os homens, as preliminares e o sexo oral são equivalentes.

Quando alguns homens ouvem a palavra *preliminares*, logo pensam em sexo oral – masculino e feminino. (Pelo menos um de nossos entrevistados faz questão de lembrar que o sexo oral pode ser muito mais do que uma preliminar. Pode ser o ponto final, especialmente se conseguir proporcionar o clímax de quem o recebe!) Veja a seguir as respostas dos nossos participantes quando lhes perguntamos que tipo de preliminares despertavam o seu desejo:

- "69. Completo e simples, não há nada mais sexual", William, 39 anos, consultor de negócios.
- "Estimulação oral na mulher – enquanto ela estiver gostando, é claro – me deixa com muito tesão, como se ela estivesse fazendo o mesmo para mim", T. J., 42 anos, músico.
- "Fazer sexo oral nela", Robson, 59 anos, cientista.
- "Passar a língua em toda parte", P. B., 51 anos, *headhunter*.

- "Fazer muito sexo oral!", Natan, 48 anos, advogado aposentado.
- "Chupadas", Greg, 35 anos, engenheiro.
- "Excitação oral", Alison, 35 anos, produtor de filmes.

No próximo capítulo, trataremos especificamente da boca. Por enquanto, lembre-se de que muitos homens consideram toda a ação oral uma ótima entrada, servida antes do prato principal.

DICA nº 5: Alguns homens não são exigentes.

Existem homens que não são exigentes quando se trata das preliminares. Eles não se fixam em uma técnica particular (a não ser que tenham como opção "todas as anteriores"). Quando lhes perguntamos quais preliminares os deixam mais excitados, eles responderam o seguinte:

- "Qualquer coisa", Benjamin, 37 anos, empresário.
- "É difícil escolher a favorita. A variedade é sempre boa", Mauro, 23 anos, empregado de restaurante e estudante.
- "Assistir a filmes pornôs. Brincadeiras sensuais. Quando ela dança para mim. Beijos", Roberto, 45 anos, consultor autônomo.
- "Gosto de dar prazer a uma mulher e isso me deixa excitado", Pablo, 51 anos, artista plástico.
- "Mãos que passeiam pelo meu corpo, toques por entre as roupas, beijos nos genitais, conversa sensual", Marcus, 47 anos, gerente geral.
- "Tirar as roupas dela e curtir um pouco de masturbação", Boris, 43 anos, diretor de criação.
- "Qualquer coisa que faça a mulher suspirar ou entrar em estado de êxtase", Richard, 35 anos, professor.

> **ELE FALA**
> Sim, é verdade. Muitas vezes, nossa ansiedade nos faz partir logo para os "finalmentes". Com isso, aceleramos demais o momento e corremos o risco de não tirar proveito das deliciosas preliminares.

Na realidade, qualquer tipo de atividade física vigorosa pode ser um ótimo início para o sexo. Um homem chegou a citar a esgrima como a sua preliminar predileta. "Ela nos deixa muito excitados, como em geral qualquer tipo de jogo ou diversão que pode se transformar em beijos ardentes", conta Patrício, 40 anos, escritor. Alguém prefere o futebol?

As preliminares a serem evitadas

Se quer deixar o seu homem no clima, o que você *não* deve fazer? Veja os conselhos dos nossos entrevistados.

DICA nº 1:
Abandone os péssimos hábitos.

Por acaso você pensa que um comportamento arrogante e narcisista fascina os homens? Pois está enganada. Atitudes negativas são um balde de água fria no fogo de qualquer homem, mesmo que você esteja deslumbrante naquele minúsculo vestido *sexy*.

"Não existe nada físico que me faça perder o tesão", conta Silas, 36 anos. "Porém, a atitude pode estragar tudo. Por exemplo, quando ela está mal-humorada ou aborrecida (não necessariamente comigo) ou simplesmente quando não está no clima."

Tratar mal as outras pessoas também aparece no topo da lista dos baldes de água fria no sexo: "Detesto quando as mulheres são mal-educadas ou arrogantes com os outros, porque pensam que assim mostrarão autoconfiança ou terão mais atenção", afirma Bruno, diretor de filmes, 29 anos. Portanto, seja simpática com o garçom!

Outros "corta-tesões" incluem:

- "Quando ela não sabe participar de conversas e brincadeiras sexuais", William, 39 anos, consultor de negócios.
- "Quando ela me dá um gelo", Carlos, 27 anos, estudante de pós-graduação.
- "É extremamente chato quando ela aplica e retoca a maquiagem várias vezes, ou quando faz brincadeiras infantis, ou quando se ofende por qualquer motivo", Nelson, 31 anos, cientista.
- "Tédio, mesmo se fingido", Giovane, 64 anos, escritor.
- "Fumar, checar o celular sem parar etc.", Tiago, 44 anos, gerente de logística.
- "Brigas e discussões", Demian, 41 anos, executivo.
- "Arrogância ou exigência exagerada", George, 50 anos, advogado.

Sob o risco de parecermos óbvios, observe que manter uma atitude positiva é especialmente importante, especialmente na cama. Ninguém gosta de amantes desinteressadas, passivas. "Não gosto da sensação de que o sexo é uma obrigação para ela", diz Roger, 39 anos, advogado. "Perco totalmente a disposição se ela não está no clima", acrescenta Philip, consultor, 45 anos.

Portanto, se você não está bem em determinada noite, seja honesta e conte a ele (deixando claro que o problema não é ele). Caso contrário, ele poderá perceber que você está agindo mecanicamente e perderá o ardor também.

Vários homens apontaram a falta de higiene como o maior "corta-tesão". Eles amam o cheiro natural das mulheres, porém, aquele cheiro natural fruto da limpeza e dos banhos regulares, não o cheiro de quem passou as três últimas semanas sem saber o que é uma boa ducha. Patrick, 41 anos, profissional de *marketing*, explica: "Adoro tocar as partes íntimas de uma mulher. Porém, se um pouco antes de entrarmos no quarto ela disser que não tomou banho naquele dia, perco o tesão na hora".

> **ELE FALA**
> Os homens adoram admirar as lindas supermodelos, mas a maioria não quer sair com elas. Lembre-se do velho ditado: "Para cada modelo, existe um cara cansado dos desatinos dela". Não há nada mais sexy do que a atitude certa. Por isso, deixe de lado a pretensão e a pose, e desça do salto alto. Prometo que você não se arrependerá.

DICA nº 2:
Higiene acima de tudo.

Isso não significa que você precisa ser uma perfumaria ambulante. Um homem nos disse o quanto não suporta o fato de as mulheres se banharem em "muitos produtos, como perfumes pesados, *spray* perfumado para cabelo, maquiagem pesada, muitas fragrâncias artificiais, florais ou químicas".

> **ELE FALA**
> Não é preciso nenhum banho de perfume francês, mas quando o assunto é cheiro, tem de ser agradável. Alguns caras adoram o cheiro natural da mulher, mas outros nem tanto. Tenho certeza de que você sente o mesmo em relação a nós.

Outra coisa importante é ficar longe de jantares à base de alho. Entretanto, se não puder evitá-los, lembre-se de escovar os dentes, pois vários homens mencionaram o mau hálito como um completo desestímulo ao sexo. Além disso, pense bem no seu hábito de fumar, pois muitos homens disseram que beijar um cinzeiro não é nada convidativo.

Houve ainda alguns homens que citaram a conversa sobre "assuntos de banheiro" como desestimulantes; portanto, adie o papo sobre a sua bexiga e seus hábitos escatológicos até que vocês dois possam se conhecer um pouco melhor. (Aviso: Cynthia descobriu que ela realmente se preocupava com Nima quando, logo no início do relacionamento, ele teve de ser atendido no pronto-socorro devido a uma obstrução intestinal. Porém, discutir os problemas gastrintestinais do seu amado em um hospital é bem diferente de anunciar no primeiro encontro que o seu intestino funciona às mil maravilhas.)

DICA nº 3: Vá devagar.

Eis um ponto que pode gerar alguma confusão. Sim, os homens adoram quando você toma a iniciativa. O que eles *não* gostam é quando você os ataca, como se fosse um marinheiro bêbado depois de passar seis meses no mar. Os homens insistentemente citaram a agressividade, "aberta e vulgar", como o comportamento do qual preferem fugir. "Não suporto mulher muito agressiva e bêbada", diz Silvio.

"Gestos como agarrar a minha virilha ou tentar enfiar a língua na minha garganta não funcionam comigo", revela Marcus, 47 anos, gerente geral. Por sua vez, Pablo, 51 anos, artista plástico, comenta: "Gosto de mulheres que expressam uma sexualidade saudável, aberta, mas não depravada".

DICA nº 4: Todavia, evite o pudor excessivo.

Se você suspeita que existe uma tênue linha separando "paixão" de "agressividade", bem, talvez tenha razão. Por isso, é preciso ser sensível à linguagem corporal e às reações do seu parceiro.

Os homens que responderam à nossa pesquisa desejam uma amante que seja aberta, entusiasmada, criativa e que se sinta bem com o próprio corpo. Autocrítica e pudor demasiados derrubam qualquer libido, afirmam eles. "É um total anticlímax quando uma mulher veste a roupa *durante* o sexo porque ela é 'pudica' ou seja lá como chamam isso", reclama Mauro, 23 anos, empregado de restaurante e estudante.

Para Boris, 43 anos, "o sexo deve ser impulsivo e desinibido. Perco o tesão quando ela é certinha, comportadinha ou escrupulosa demais para tirar a roupa e ir para a cama".

"A mulher que só se sente à vontade no quarto rouba todo o meu desejo", confessa Breno, 40 anos, arquiteto. "Por que não pode ser no sofá, na mesa da cozinha, no chuveiro ou em um lugar onde se possa ser surpreendido?"

DICA nº 5:

Evite conversas desagradáveis.

De acordo com os nossos entrevistados, não é apenas o modo como você usa a sua boca que a faz uma boa amante, mas também o que sai dela. Em primeiro lugar, mantenha as reclamações e a negatividade ao mínimo necessário. "Perco o interesse se ela insiste em falar do seu trabalho, ou do modo como vive, ou de coisas que não levam a sedução, amor ou sexo", explica T. J., músico de 42 anos.

ELE FALA

Evite falar mal dos ex-namorados também. Todas as menções e comparações com ex-amantes são expressamente proibidas na cama, assim como assuntos que incluam filhos, tarefas domésticas que você promete realizar, mas ainda não conseguiu, por que você acha que a sua mãe a odeia, por que você não aprova o novo namorado da sua melhor amiga, entre outras.

Falar sobre temas "estressantes" ou "conflituosos" também pode acabar com qualquer clima amoroso, é o que dizem homens como Alex, 32 anos, gerente de operações. Em outras palavras, apesar de ouvirmos dizer que uma briga pode levar a ótimas transas, vários homens apontaram os conflitos como verdadeiros ladrões de sua energia sexual.

Comentários autodepreciativos também são proibidos, sobretudo se você quer ser romântica. "Esse não é o momento de ser tímida ou de, subitamente, começar a falar sobre como você se sente gorda ou feia", aconselha Patrício, escritor, 40 anos.

Outros comentários que você deve evitar:

- "Falar sobre o que vai acontecer no dia seguinte", Tony, 27 anos, assistente de produção.
- "Frases feitas", Miguel, 27 anos, analista financeiro.
- "Falar sobre as outras experiências sexuais que ela teve", Roberto, 45 anos, consultor autônomo.
- "Distrações, como quebrar o clima para atender a uma ligação", Jonathan, 59 anos, consultor.
- "Quando ela usa a palavra *foda* no primeiro encontro", Sérgio, 27 anos, estudante.
- "Palavras chulas. Exceto como algo espontâneo dito próximo ao orgasmo, esse tipo de linguagem sempre me parece algo ensaiado, falso", Natan, 48 anos, advogado aposentado.

DICA nº 6:
Sinal verde.

Por fim, existem homens que acreditam que nada está fora dos limites. "Se estou excitado, nada é capaz de me atrapalhar!", exclama Paulo, 29 anos, estudante de pós-graduação. Provavelmente, esse tipo de homem é exceção, mas eles estão por aí.

A arte de beijar

Se você já aprendeu alguma lição neste capítulo, esperamos que seja a seguinte: a pessoa que beija bem conquista seu parceiro já nas preliminares. Que tipo de beijo deixa um homem realmente excitado? Bem, nossa pesquisa indica que, quando se trata do beijo, a variedade realmente *é* o tempero da vida: aproximadamente metade dos entrevistados afirmou que todos os tipos de beijo são excitantes, sejam longos e profundos ou suavemente doces.

Vários homens falaram sobre as suas técnicas preferidas para beijar. "Gosto de beijos confiantes, que não são molhados demais, mas têm língua e boa pressão", explica Anderson, eletricista, 45 anos. Por sua vez, Boris, 43 anos, aconselha: "Comece devagar, suavemente, e vá aumentando a intensidade". Jerônimo, 45 anos, gosta de beijos que são "leves e provocativos no começo e profundos e longos depois".

Por fim, há homens que pensam no beijo como um esporte coletivo. "De que tipo de beijo eu gosto? O tipo que excita uma *mulher*", exclama Demian, 41 anos, executivo. Nós dizemos amém!

As zonas erógenas do homem

Enquanto ele estiver vestido (ou algo próximo a isso), em que parte do corpo masculino você deve concentrar a sua atenção? Os homens que entrevistamos apontaram a boca e o pescoço (particularmente a nuca) como as suas zonas erógenas mais sensíveis depois dos órgãos genitais. Será que isso tem alguma relação com o seu amor pelo beijo? Achamos que sim. A seguir, vêm o interior das coxas e as orelhas.

Ah, e você pensa que os seus seios são um lugar gostoso para brincar? Vários homens disseram que gostariam que você aprendesse a brincar com os mamilos *deles*! Contudo, cuidado: sugerimos consultar o seu parceiro antes de acariciar os mamilos dele, porque isso não agrada a todos. Como disse Natan, advogado aposentado, 48 anos: "Não consigo me lembrar de quem disse isso, mas a frase é mais ou menos assim: 'Lamber meus mamilos não me faz sentir nada. É como se uma mulher lambesse a minha carteira'. É exatamente assim que me sinto. Para mim, o cérebro é a zona erógena mais excitável".

Quando finalmente os dois estão sem roupa e você começa a explorar os "países baixos" do seu parceiro, não se esqueça dos testículos. "Minha zona erógena mais sensível são os escrotos!", exclama Cláudio, 34 anos, músico.

Quando ele avista o paraíso, o que gosta de ver?

A depilação pubiana feminina é uma preocupação tão constante entre as mulheres que nos vimos obrigados a perguntar aos homens o que *eles* gostam de ver quando elas tiram a calcinha. Bem, garotas, é melhor aceitar e adotar a cera, pois 50% dos entrevistados disseram que gostam tanto da depilação estilo moicana (só uma faixa estreita no centro), como da radical (aquela em que todos os pêlos são retirados). Porém, quase o mesmo número de homens gosta de uma depilação cavada, que segue a linha do biquíni; desde que você esteja bem cuidada ali, esses homens não ligam para o estilo de depilação que você faz.

> **ELE FALA**
> A depilação é sempre uma experiência divertida (embora possa irritar a pele). Experimente a radical, e se o seu homem gostar, pergunte se ele faria o mesmo para você. É justo. Alguém se habilita a ter as bolas depiladas?

É claro que você pode alternar os estilos. "Sempre espero ser surpreendido", diz Oliver, educador, 42 anos.

"Surpresas sempre são bem-vindas", concorda Daniel, 38 anos, corretor de imóveis. "Gosto de 'todos os estilos anteriores', em momentos diferentes."

Carícias preliminares: é para qualquer pessoa

Ao analisar as respostas que obtivemos em nossa pesquisa, uma coisa ficou clara: como acontece com qualquer atividade que dependa de outra pessoa, seja um jogo de tênis, sejam amassos no sofá da sala, quando se trata das preliminares, o que os homens mais querem é uma parceira entusiasmada e sensível, que deseja dar prazer tanto quanto receber. Portanto, aproveite o máximo até a linha de chegada!

Capítulo Quatro

"Não existe nada mais broxante do que uma chupada sem entusiasmo"

Breno, 40 anos, arquiteto

Movimento da boca

Não há surpresas aqui: os homens adoram sexo oral – dar e receber. "Às vezes, gostamos mais disso do que do sexo propriamente dito", revela Alex, gerente de operações, 32 anos. De fato, de todos os homens que participaram da nossa pesquisa, somente um disse que não gostava (e estamos loucos para saber por que não). Entretanto, para todos os outros, o sexo oral "nunca é demais", disse Renan, 27 anos, estudante de pós-graduação. Sendo assim, quais são os pontos mais importantes que os homens gostariam que você soubesse?

Do que os homens gostariam que as mulheres soubessem sobre sexo oral

A maioria das mulheres sabe como o sexo oral é importante para os homens. Elas sabem, também, que isso pode causar a elas muita insegurança – estou fazendo tudo certo? –, ou excesso de confiança – assim que ele ficar satisfeito *disso*, estou livre. Agora, descubra a verdade:

DICA nº 1:

Eles adoram (óbvio).

Vamos repetir, eles adoram sexo oral, mas com sentimento: os homens gostam muito, muito, muito de receber a felação, ou chupada, na linguagem popular. Se você quiser conhecer os "países baixos" de seu homem, isso não significa menos empenho da sua parte. "Adoramos chupadas em todo lugar, a qualquer hora", afirma Bernardo, 28 anos, engenheiro.

DICA nº 2:

Aperfeiçoe a sua técnica (variar um pouco sempre agrada).

Lembre-se de que cada homem é diferente dos outros. O que funcionava para o seu namorado do colégio (ou seja, qualquer coisa) pode não dar certo com um cara de 40 anos. "Uma mulher precisa prestar atenção ao que o seu homem gosta", ensina Marcus, 47 anos, gerente geral. "A técnica deve variar individualmente de acordo com a preferência de cada um."

Então, qual *é* a melhor técnica? De acordo com os homens que entrevistamos, é aquela cujo ingrediente principal é a variedade. "Existe mais de um movimento ao se chupar um pau", orienta Mário, 34 anos, gerente de tecnologia. "A chupada não se limita apenas a engolir a espada", informa Jerônimo, 45 anos, profissional de *marketing*. "É bom misturar movimentos." Boris, 43 anos, diretor de criação concorda com isso: "A variedade e a criatividade são ótimas, pois não existe apenas uma maneira de fazer a coisa. Varie os movimentos e a sua posição".

Portanto, se você realmente deseja despachá-lo para o paraíso com o sexo oral, combine ritmo, velocidade e pressão. Como Jonathan, 59, consultor, comenta: "Sexo oral é mais erótico quando feito com pressões diferentes e com sucção combinada com movimento". O que os homens *não* gostam é ritmo inconstante, ou seja, quando você começa e pára, recomeça e pára, logo quando eles estão para alcançar o clímax.

Contudo, há uma coisa de que você deve se lembrar: vá fundo. Não seja tímida e leve o membro inteiro à sua boca e "se concentre nele todo, não apenas na cabeça", ensina Rafael, 34 anos, gerente de projetos. Como Oliver, 42 anos, educador, diz: "Não é só agarrar e colocar a ponta do pênis em sua boca". Além disso, lamber e beijar são ótimos, mas "chupar deve ser a atividade principal", aconselha David, 43 anos, administrador de sistemas.

Isso não quer dizer que o seu foco deverá estar sempre no pênis. Alguns homens gostam de carícias orais em toda a região ao redor dele. De acordo com Natan, 48 anos, advogado aposentado, "a boca não deve apenas ser usada na cabeça e no restante do pênis. Tudo, da bunda à glande, deve ser estimulado com a boca, as mãos e os dentes (bem suavemente, por favor), usando muita saliva". Bruno, 29 anos, diretor de filmes, acrescenta: "Não basta chupar o pênis. Há muitas outras coisas para se fazer".

> **ELE FALA**
> Alugue um filme pornô. Assistam juntos. Pergunte a ele de qual estilo ele gosta e, então, experimente nele. Logo, você será capaz de adaptar-se à fisiologia dele e fazê-lo ver estrelas.

DICA nº 3:
Mostre a ele que você está gostando também.

Se você está preocupada em saber se a sua técnica deixa a desejar, acalme-se: todas as estratégias mais eficientes do mundo não serão suficientes se você parecer que faz isso por eles a contragosto. De acordo com os homens da nossa pesquisa, o maior erro que as mulheres podem cometer – de longe – quando fazem sexo oral é parecer que não estão gostando. Uma atitude indiferente é pior do que não aplicar pressão suficiente, ter um ritmo inconstante ou pressionar com os dentes. "Fazer por fazer não adianta nada", revela Greg, 35 anos, engenheiro de *software*. "Coloque um pouco de sua alma nisso."

Na realidade, para a maioria dos entrevistados, o entusiasmo é a melhor "técnica" que existe. "Aproveite, tenha prazer, deixe-se envolver, seja criativa, faça disso uma forma de arte", aconselha J. B., 50 anos, engenheiro de *software*. "Mostre-me que você adora fazer isso e que não há nada mais que queira fazer na vida", afirma Sérgio, 27 anos, estudante.

Quanto maior for o seu entusiasmo ao abordar o membro do seu homem, melhor. "Brinque com ele, deslize a língua para cima e para baixo, afaste-se e admire-o com um leve sorriso sensual, sôfrego, malicioso, depois, comece a lambê-lo com vontade e engula-o todinho", ensina Tiago, 44 anos, gerente de logística.

Todo esse empenho valerá a pena, pois o seu prazer também é o prazer dele. Roger, 39 anos, advogado, fala por muitos quando afirma: "Se você não gostar de fazer sexo oral em mim, por conseqüência, não vou conseguir aproveitar o momento. Não adianta ficar olhando para mim para ver se estou gostando. Mostre que você está curtindo, mostre confiança. Se você está retraída ou me olha pedindo apoio, começo a pensar que isso não passa de uma obrigação para você".

"É fácil ver se uma mulher curte o que está fazendo ou se faz porque se sente obrigada", diz Breno, arquiteto, 40 anos. "Não existe nada mais broxante do que uma chupada sem entusiasmo."

Por isso, mesmo quando a sua boca estiver ocupada com outra coisa, olhe para ele com prazer nos olhos. Mostre-lhe com o seu corpo inteiro que você adora lhe dar todo esse prazer. Se assim fizer, ele ficará feliz em retribuir o deleite.

Por favor, observe com atenção: entusiasmo não quer dizer que você tenha de acelerar os movimentos. Não tenha pressa. Vários homens relataram que gostariam que as mulheres fizessem esse doce prazer perdurar. Nem todo homem deseja chegar logo ao clímax. Na verdade, ele pode precisar de algum tempo, da mesma maneira que você. "Rapidez nem sempre é a melhor coisa", diz Demian, 41 anos, executivo. "Não se apresse", aconselha Lucas, 32 anos, estudante. "Comece bem devagar e vá acelerando."

DICA nº 4:
Não tenha pressa.

Existe uma razão prática para isso. Se a situação fosse inversa, com certeza você não gostaria que ele mergulhasse direto em seu clitóris e ignorasse todo o resto. Em primeiro lugar, a maioria das terminações nervosas está localizada na cabeça do pênis, tornando-o muito sensível para um ataque descontrolado. (De fato, a parte entre a glande e o corpo do pênis é supersensível.) Por isso, vá alimentando a excitação dele. Beije o pênis e acaricie-o longa e lentamente com a língua. Se ele ainda não estiver ereto, leve o pênis à boca e chupe-o até ele ficar ereto. À medida que ele endurece, intensifique o ritmo e a pressão. Quanto mais durar, melhor!

Agora, se você realmente quiser ampliar o seu repertório oral, existe uma maneira bem simples para isso: aprenda a usar as mãos e a boca juntas. Muitos homens em nossa pesquisa afirmaram que o prazer que sentem é

DICA nº 5:
Use as mãos.

muito maior quando as mulheres usam as mãos juntamente com a boca. "Esfregar com as mãos e, ao mesmo tempo, chupar com a boca é muito melhor", enfatiza T. J., músico, 42 anos.

Pense em suas mãos como uma extensão da sua boca. Faça um círculo com o dedo indicador e o polegar (como se fosse o sinal de o.k.) ou com a mão inteira. Você também pode deslizá-la para cima e para baixo com a boca ou fazer movimentos contrários, enquanto a cabeça vai para cima, a mão escorrega para baixo vigorosamente. Experimente diferentes movimentos para ver o que o deixa mais excitado. Por exemplo, Cláudio, 34 anos, músico, observa que "o movimento circular da mão sobre a cabeça do pênis é simplesmente maravilhoso".

Para mais idéias, Mateus, ativista político de 46 anos, sugere que você "assista a um filme pornô para ver uma mulher usar as mãos e a boca. Pressionar a parte superior do pênis é muito bom. Quando me masturbo, estou acostumado a pressões muito mais fortes do que você possa imaginar".

DICA nº 6:
Não se esqueça de brincar com as bolas.

Como Cynthia sugere em seu livro *Mind-blowing orgasms every day* [Orgasmos alucinantes todos os dias], fique à vontade para fazer uma pausa no pênis para também dar uma atenção especial às bolas. "Não esqueça os meus testículos! Eles também gostam de carinho!", pede Walter, 27 anos, gerente de *marketing*. Portanto, passe a língua suavemente sobre os testículos. Coloque um por vez em sua boca e chupe gentilmente. Ou simplesmente os acaricie enquanto dá prazer ao seu homem oralmente, sintonizando as carícias com o ritmo da sua boca.

DICA nº 7:
Nada de mordidas.

Lembre-se de cobrir os seus dentes com os lábios o máximo possível. Alguns homens gostam realmente de sentir os seus dentes, mas a maioria, como Silvio, 29 anos, estudante de pós-graduação, implora para "você manter os seus dentes fora disso".

DICA nº 8:
Molhado e selvagem.

Use muita saliva, sempre. "Faça com que seja gostoso e bem molhado", aconselha Jonas, 24 anos, construtor. Toda a fricção deve ser prazerosa, não dolorosa. "Molhado e meio louco, tudo bem", assegura Paulo, 29 anos, estudante de pós-graduação.

Não se apegue tanto em sua "técnica" de chupada. Sim, os homens adoram sexo oral, mas "nem todos pensam que essa é a melhor coisa do mundo", afirma George, 50 anos, advogado. Por sua vez, Patrick, profissional de *marketing*, 41 anos, acrescenta: "É provável que essa seja a última coisa de que gosto no quarto. Mesmo assim, uma boa chupada é uma experiência incrível".

DICA nº 9:
Sexo oral não é tudo.

É por isso que, para alguns homens, mesmo uma boa chupada é apenas um aquecimento para o acontecimento principal: fazer amor. "Muitas vezes, o sexo oral me deixa louco para ir direto para a penetração!", diz Patrício, 40 anos, escritor. Por sua vez, Denis, 40 anos, analista, afirma: "Às vezes, prefiro foder!".

Em busca do melhor ritmo e da melhor pressão

Não importa que tipo de truques exóticos você aplique em seu homem, lembre-se de que "a partir de um certo ponto, tudo é uma questão de manter o ritmo", ensina Jerônimo, 45 anos, profissional de *marketing*. "Ritmo e velocidade são importantes, profundidade, não", acrescenta Silas, 36 anos, programador de *software*. Além disso, para a maioria dos homens, o ritmo deve ser "firme e vigoroso, não frouxo e suave", diz o representante de vendas Rubens, 36 anos.

Aproximadamente metade dos entrevistados de nossa pesquisa prefere uma combinação de ritmos e pressões. Eles adoram quando não sabem o que você vai fazer a seguir, desde que vá aumentando a intensidade até um clímax de arrasar quarteirões. E mais: variar as combinações "dá certo até você encontrar um ritmo e uma pressão que realmente vão dar conta do recado", afirma Jerônimo. "Então, sinto que estou chegando lá, e peço a ela: 'continue assim!'".

Portanto, não tenha medo de tentar coisas diferentes até acertar o ponto do prazer dele. "Tudo é uma questão de experimentar", aconselha Mauro, 23 anos, empregado de restaurante e estudante, e complementa: "Não existe fórmula na arte".

Existe uma razão prática para você variar o ritmo. "A repetição de sensações provoca a perda da sensibilidade (aliás, isso é verdade para qualquer coisa)", lembra Daniel, 38 anos, corretor de imóveis. Para alguns homens, isso também demonstra o seu entusiasmo. "Quando ela varia os movimentos mostra que existe uma mulher de verdade ali, pensando no que está fazendo", pontua Nelson, cientista de 31 anos.

Mesmo aqueles homens que marcaram a opção "outros" mencionaram que gostam de variedade na velocidade e na pressão, embora "pressão forte" tenha sido um pedido constante. Evidentemente, para alguns homens, tudo depende da situação. Se você está fazendo sexo oral como parte das prelimi-

> **ELE FALA**
> Eis aqui um segredo: alguns homens "descobriram" a sua próstata e gostariam que você a incluísse em seu repertório. Não estou citando nomes.

nares, provavelmente não irá querer fazer algo que o leve ao clímax tão cedo!

Como descobrir do que o seu homem gosta? "A mulher precisa experimentar e ver como o homem reage", ensina Mauro. "Além disso, ele precisa lhe dar dicas. Isso também se aplica à cunilíngua (sexo oral na mulher)." Na verdade, muitos homens com quem conversamos aconselharam a mulher a ser observadora. "Descubra a maneira de dar prazer a ele, sentindo a resposta física dele e ouvindo os seus comentários", recomenda Daniel, 38 anos, corretor de imóveis. Evidentemente, como a maioria dos nossos entrevistados apontou, você sempre pode *perguntar* ao homem o que ele quer.

Lembre-se de que o seu homem é um indivíduo. "Acho que não existe nada que sirva para todos da mesma maneira", comenta Patrício, 40 anos, escritor. "A melhor forma de descobrir do que eu gosto é experimentar coisas diferentes e ver o que acontece, ou, simplesmente, me pergunte."

As melhores técnicas

Então, que tipo de sexo oral aparece mais vezes na lista das preferências masculinas? Pedimos aos nossos entrevistados para indicar a técnica oral mais incrível que uma mulher já aplicou neles. A seguir, eles descrevem com as próprias palavras como elas usaram a boca para levá-los ao topo do prazer.

Ela sentiu prazer

Como vários homens confirmaram, muitas vezes a "técnica" que ela usou consistiu simplesmente de um entusiasmo livre e verdadeiro:

- “A técnica mais incrível? Provavelmente foi uma chupada normal. A diferença é que ela adorou e mostrou que estava gostando. Isso foi excitante demais. Excitante *demais*! Se uma mulher procura o sexo oral porque sente que é sua obrigação, não tenho tanto prazer”, Patrick, 41 anos, profissional de *marketing*.
- “A melhor chupada é quando a mulher se permite ter prazer também”, David, 43 anos, administrador de sistemas.
- “Foco. Simplesmente tive a sensação de que ela estava muito feliz em fazer aquilo e que sua atenção estava toda ali”, Mateus, 46 anos, ativista político.
- “Ela disse: ‘Relaxe e me deixe tomar conta de você’”, Giovane, 64 anos, escritor.

Ela ofereceu um serviço completo

As mulheres bem informadas sabem que sexo oral não quer dizer que você não possa usar outras partes do corpo (como as mãos):

- “Ela lambeu minhas bolas e usou a mão para me esfregar ao mesmo tempo”, Bruce, 31 anos, analista financeiro.
- “Ela me chupou suavemente, enquanto esfregava meu pênis com uma das mãos e as bolas com a outra”, T. J., 42 anos, músico.
- “Tudo. Ela enroscou o corpo em mim, enquanto me beijava, chupava e acariciava com as mãos, ao mesmo tempo”, Samuel, 46 anos, consultor de negócios.
- “Ela me chupou forte, combinando com movimentos alucinantes de sua mão”, Jonathan, 59 anos, consultor.

- "Ela usou as duas mãos e os lábios para acariciar a cabeça. Foi inacreditável. Ela praticamente me implorava para entrar na sua boca, e eu entrei", Marcus, 47 anos, gerente geral.
- "Ela usou a boca e a mão com muita pressão sobre a cabeça que, depois, deslizaram pelo pênis com um ritmo constante", Walter, 27 anos, gerente de *marketing*.
- "Ela usou muita saliva, combinada com a mão e a boca. Foi quase como estar dentro de uma mulher. Na verdade, foi quase tão bom quanto", Pablo, 51 anos, artista plástico.
- "Ela lambeu da cabeça à base do pênis e avidamente me engoliu, enquanto se tocava com a mão e gemia... Acho que isso resume a coisa toda!", Tiago, 44 anos, gerente de logística.
- "Ela usou a língua e os lábios combinados com a mão, que me esfregava, criando uma sinfonia de ritmos e de sons que me levou à completa loucura", Demian, 41 anos, executivo.
- "Ela deslizou os dedos suavemente pelo meu pênis durante a chupada", George, 50 anos, advogado.
- "Ela combinou a língua e os lábios com a mão, aumentando o efeito no tempo certo. Não há palavras que possam descrever a sensação", Richard, 35 anos, professor.
- "Ela usou a mão em movimentos suaves, ao mesmo tempo em que me chupava delicadamente... sem mencionar o fato de que ela me olhava e gemia", Christian, 34 anos, engenheiro de *software*.
- "Ela aplicou um pouco de estimulação anal, enquanto alternava entre lamber e chupar meu pênis e os testículos", Rubens, 36 anos, vendedor.
- "Gosto quando ela lambe meu pau para cima e para baixo, e também quando lambe ao redor da cabeça, engolindo quase

tudo. Também gosto quando ela usa a mão para esfregar o pênis e acaricia as bolas com delicadeza", Patrício, 40 anos, escritor.

Ela foi fundo

Aprendam a minimizar aquela náusea, garotas. Para esses homens, quanto mais você conseguir tomar o símbolo da virilidade masculina na boca (até a garganta), mais felizes eles serão:

- "Garganta profunda. O poder e o simbolismo de ver uma mulher ajoelhar-se à sua frente e engolir todo o seu pau é algo fora de série", William, 39 anos, consultor de negócios.
- "Eu estava de costas, ela se ajoelhou perto de mim, olhando os meus pés, e desceu até lá", Anderson, 45 anos, eletricista.
- "Ela me engoliu bem fundo e gentilmente me chupou com os músculos da garganta", Samuel, 52 anos, músico.
- "Foi quando ela engoliu tudo e me chupou com a garganta", Cláudio, 34 anos, músico.
- "Garganta profunda total", Denis, 40 anos, analista.

Veja aqui algumas dicas sobre essa técnica particular de sexo oral, conhecida como garganta profunda, que se tornou famosa em 1972 com Linda Lovelace no mítico pornô de mesmo nome: abra bem a boca e engula em uma linha reta; talvez você precise deitar de costas com a cabeça pendendo para fora da cama, enquanto o seu homem se ajoelha à sua frente. Você também pode sentar no peito dele com o rosto voltado para os pés do homem, ou ficar na posição 69. A ironia é que, tendo engolido todo o pênis, você não conseguirá chupar, nem lamber, nem fazer muita coisa com a língua; por isso, a garganta profunda é mais impressionante do que prática. Para alguns homens, é o que basta!

Ela tinha uma língua fantástica

Vários homens disseram que a habilidade da língua da sua mulher os enviou direto para o paraíso:

- "Ela usou um método de chupar com a língua com movimentos em espiral", Mário, 34 anos, gerente de tecnologia.
- "Ela passou a língua da minha região anal até a ponta do pênis, e vice-versa. Depois, ela repetiu e repetiu e repetiu", P. B., 51 anos, *headhunter*.
- "Ela bateu meu pênis em sua língua e deixou a boca aberta quando gozei", Sérgio, 27 anos, estudante.
- "Ela me envolveu com a língua e, sinceramente, não sei dizer o que ela fez", Jonas, 24 anos, construtor.

Veja estas idéias (retiradas do livro *Mind-blowing orgasms every day* [Orgasmos alucinantes todos os dias], de Cynthia W. Gentry) para enlouquecê-lo com a língua: passe a língua na parte inferior do pênis, para a frente e para trás. Mergulhe a ponta do pênis em sua própria fenda. Engula a glande e movimente a sua cabeça para a frente e para trás; coloque a língua no freio do pênis. Chupe-o como se fosse um pirulito, fazendo movimentos com a sua cabeça. Improvisem, usem a criatividade, mulheres!

Ela tinha um ritmo de enlouquecer

Já discutimos esse assunto antes. Um ritmo lento e firme é a chave para o êxtase:

- "Mergulhar na boca dela e deslizar por seus lábios molhados pela região superior do órgão, e de novo, e de novo", Cleiton, 31 anos, agente de controle de animais.
- "Ela combinou movimentos lentos com pressão firme por um bom tempo", Frank, 35 anos, administrador.

O segredo aqui é estabelecer um ritmo constante, aumentando gradualmente a velocidade até ele alcançar o clímax. Não importa o que estiver fazendo, não pare!

Ela se lembrou dos testículos

Estes homens lembraram com carinho da vez em que sua mulher deu a devida atenção às suas bolas:

- "Ela esfregou gelo nos meus testículos durante o sexo oral", Christian, 45 anos, ator.
- "Ela engoliu minhas bolas", Lucas, 32 anos, estudante.
- "Ela colocou minhas bolas sobre os olhos dela enquanto me chupava", Carlos, 27 anos, estudante de pós-graduação.

Ela soube dar mordidinhas deliciosas

A maioria dos homens não gosta de sentir os seus dentes durante o sexo oral. Porém, ocasionalmente, um pouco de pressão dos seus mordedores pode ter um efeito erótico:

- "Gosto de sentir os dentes dela – prazer e dor indissociáveis", Nelson, 31 anos, cientista.

- "Ela usou os dentes para ajudar na fricção – foi muuuito bom!", Paulo, 29 anos, estudante de pós-graduação.

Ela se concentrou na ponta

Certos homens relataram como as mulheres acariciaram a cabeça do seu membro:

- "Ela chupou a ponta para fazer barulho", Mauro, 23 anos, empregado de restaurante e estudante.
- "Não sei exatamente como descrever, mas foi alguma coisa que ela fez na ponta do meu pênis", Miguel, 27 anos, analista financeiro.

ELE FALA

Pastilhas de menta. Ponha uma na boca. Chupe e mastigue-a um pouco. Aquele sabor mentolado permanecerá e estimulará os sentidos e... para bom entendedor...

Ela me fez feliz sem as mãos

Sim, os homens em nossa pesquisa disseram inúmeras vezes que gostariam que você usasse as mãos durante o sexo oral. Porém, de vez em quando, mostre a ele o que você é capaz de fazer só com a boca. Estes homens gostaram:

- "Ela simplesmente não usou as mãos", Oliver, 42 anos, educador.
- "Ela me fez gozar usando somente a boca, sem as mãos", Breno, 40 anos, arquiteto.

Ela me deixou numa fria (no bom sentido)

Há um estimulador para sexo oral que pode ser encontrado em qualquer cozinha, mais especificamente no *freezer*. Experimente usar o gelo para provocar sensações excitantes por todo o corpo masculino, especialmente nas zonas erógenas. Alguns homens contaram que suas mulheres tinham um cubo de gelo na boca enquanto desciam até os "países baixos". Benjamin, empresário de 37 anos, tinha uma história ainda mais exótica: "Com uma pedra de gelo na boca, ela emitia um som gutural contínuo. O contraste entre quente e frio, mais as vibrações foram inacreditáveis!".

Vamos dizer o seguinte: são inúmeras as maneiras com as quais você pode usar a boca para levar o seu homem à loucura. Tom, advogado, 31 anos, contou que a experiência mais incrível que teve com o sexo oral foi quando uma mulher "beijou e lambeu a cabeça do meu membro depois da ejaculação". Para Robson, cientista, 59 anos, o auge do prazer oral foi simplesmente receber "três chupadas em seguida!".

A geografia do desejo masculino

Quando a questão é sexo oral, não se limite ao pênis. Os homens gostam de sentir sua boca e sua língua por todo o corpo. Como já mencionamos anteriormente, muitos homens adoram quando você manipula as bolas – 58% dos participantes da nossa pesquisa disseram que adoram a atividade oral nos testículos (somente 3% afirmaram que as bolas estão "fora do jogo" na hora do sexo oral). Aproximadamente o mesmo número – 54% – também gosta que você excite os mamilos deles com a sua língua. Experimente dar umas apertadinhas leves nos mamilos e depois soprá-los suavemente.

Outra zona erógena é a área entre o escroto e o ânus, conhecida como períneo. Muitos homens em nossa pesquisa – 40% – afirmaram que essa área está aberta para a sua atividade oral; outros 37% mencionaram a sensibilidade que têm na parte interior das coxas. Vários outros disseram que gostam de sentir a sua boca nas orelhas e no pescoço (Patrício, 40 anos, escritor, gosta de "mordidinhas leves na nuca").

Além disso, para certos homens, você pode usar a boca em quase todo o corpo. Na realidade, metade dos entrevistados de nossa pesquisa disse que nenhuma área está fora dos limites. Contudo, seja cuidadosa antes de usar a língua para acariciar o bumbum dele: 42% afirmaram que não querem você nem perto do ânus. Entretanto, quando você estiver com um dos 29% que gostam de sentir a sua língua entre as nádegas, certifique-se de que vocês dois estejam de banho tomado e use algum tipo de proteção, como a camisinha.

Como saber quais áreas (além dos órgãos genitais) estão disponíveis para a atividade oral? Basta perguntar a ele, bobinha! A outra opção é por tentativa e erro. Se você invadir uma área proibida, é bem provável que ele avise. Você também pode propor uma brincadeira, sugere Jerônimo, profissional de *marketing*, 45 anos. "Gosto que ela faça brincadeiras do tipo 'Você gosta disto?, O que acha disto?'", diz ele. "Essa é sempre a melhor maneira para mim. Além do mais, se ela fizer isso com um brilho de malícia nos olhos, é bem possível que ela consiga uma resposta positiva."

Por fim, sempre existe a possibilidade de "deixar que ele guie a sua cabeça para diferentes partes", conclui Daniel, 38 anos, corretor de imóveis, mas achamos que você não deve delegar coisa tão importante ao acaso.

Do que os homens gostariam que as mulheres soubessem sobre a cunilíngua

Bem, você já sabe um pouco mais sobre o que os homens sentem quando você aplica sexo oral neles. (Um lembrete caso você se esqueça: é tudo de bom.) Agora, vamos saber o que eles gostam quando o assunto é sexo oral em uma mulher. Bem, os homens simplesmente *adoram* fartá-la de muito prazer oral. Maciços 81% dos homens que responderam à nossa pesquisa disseram que gostam, enquanto apenas 18% são neutros a essa prática, afirmando que essa não era a sua modalidade sexual preferida, e insignificante 1% declarou que prefere não fazer sexo oral.

"Para mim, é uma combinação de três coisas", analisa Jerônimo, 45 anos, profissional de *marketing*. "Em primeiro lugar, ouvi-la gemer realmente me excita. Fazê-la atingir o clímax é *o* maior tesão. Em segundo lugar, o gosto é normalmente doce. E, terceiro, é uma área 'proibida' de grande intimidade."

Veja a seguir do que eles gostariam que você soubesse:

DICA nº 1:

Ele gosta, portanto, relaxe!

Antes de mais nada, se um homem desce para além da linha da sua cintura, faz isso porque quer. "Se digo que gosto é porque gosto mesmo", garante Mário, gerente de tecnologia, 34 anos. "Não estou dizendo isso só por dizer." E Roger, advogado, 39 anos, acrescenta: "Não sinto como se fosse uma obrigação, eu gosto disso, de verdade."

"Primeiro de tudo, é bom dar prazer a outra pessoa", assegura Mauro, empregado de restaurante e estudante. "Em segundo lugar, a vagina é a parte mais íntima do corpo feminino. Por último, as mulheres têm um gosto único, e isso é muito encantador!"

Para alguns homens, de fato, aplicar sexo oral em uma mulher é uma das suas modalidades sexuais preferidas. "Eu verdadeiramente amo fazer isso acima de quase todas as outras coisas", diz Nelson, 31 anos, cientista. "As namoradas acreditam em mim depois de um mês ou dois de relacionamento, mas muitas vezes penso que as mulheres têm dificuldade em aproveitar porque não acreditam que eu realmente gosto." Giovane, escritor de 64 anos, concorda: "Particularmente, prefiro o sexo oral a quase todo o resto. Pode levar o tempo que for necessário, eu espero a mulher se sentir à vontade para aproveitarmos juntos essa delícia".

Portanto, acreditem, senhoras – ele sente muito prazer ao visitar sua vagina. "Eu realmente gosto de fazer sexo oral em uma mulher", afirma o executivo de *marketing* Patrick, 41 anos. "Dar-lhe prazer oralmente e depois deslizar para dentro dela quando ela está toda molhadinha é o que chamo de felicidade." Agradar a uma mulher também aparece nos desejos secretos de certos homens: "Considerando que gosto de ser dominado, sinto como se ela estivesse me usando para o seu próprio prazer, e eu gosto disso", confessa Nelson.

> **ELE FALA / ELA FALA**
>
> Uma ex-namorada minha comparava a arte da cunilíngua a lamber o mel das asas de uma borboleta. Isso parece um tanto ingênuo, mas acho que é bem melhor do que o modo como eu fazia antes, que poderia ser comparado a tentar remover uma mancha no carpete com a língua.

Assim, tudo o que você tem de fazer é relaxar e aproveitar. "Deixe o homem decidir se você está limpa o bastante, deixe-o decidir quando é hora de seguir em frente", aconselha J. B., 50 anos, engenheiro de *software*. "Acho que muitas mulheres resistem ao prazer do sexo oral nelas." Na realidade, se você estiver gostando, ele também gostará. "Aproveite, sinta prazer, e eu gostarei mais ainda", diz Jerônimo, profissional de *marketing*, 45 anos.

De fato, para alguns homens, fazer sexo oral em você é pré-requisito para o próprio prazer. "Tenho de fazer isso para ficar realmente excitado", conta Demian, 41 anos, executivo. "O prazer dela, seus gemidos, tudo isso me excita demais", comenta Richard, 35 anos, professor. Por fim, para T. J., 42, músico, "o prazer de uma mulher é o meu maior estimulante".

DICA nº 2:

Diga-lhe o que você sente.

Quando a questão é sexo oral, de que maneira você pode ajudá-lo a agradá-la? *Diga-lhe tudo do que você gosta.* Não adianta apenas deitar e ficar esperando que ele faça tudo certo. Nunca é demais enfatizar a importância da conversa. Veja o que pensam os homens que participaram de nossa pesquisa:

- "Minha experiência me diz que as mulheres são diferentes umas das outras e por isso querem coisas diferentes. Não há problema nenhum em dizer a um homem o que é bom e o que não é para que ele possa agradá-la", T. J., 42 anos, músico.
- "Basta me dizer como você gosta. Bem rápido, bem devagar? Os dedos agora? Onde você quer que eu a toque? Estou ali para fazê-la sentir prazer e acho que faço um bom serviço, mas preciso da sua orientação para levá-la à loucura", William, 39 anos, consultor de negócios.
- "Diga do que você gosta... rápido, devagar, em cima, embaixo, lábios, chupada etc. Algumas mulheres são muito sensí-

veis, outras nem tanto, mas precisamos saber do que você gosta", Marcus, 47 anos, gerente geral.

- "Gosto de fazer isso, mas sei que as mulheres são diferentes. Faça-me entender com palavras, sons ou movimentos se estou indo rápido demais, devagar demais, muito suave ou muito forte. Eu realmente quero lhe dar um orgasmo. Fico feliz quando você fica feliz", Mateus, 46 anos, ativista político.
- "Estou ouvindo. Fale ou me mostre do que você gosta", Samuel, 46 anos, consultor de negócios.
- "Tudo bem dizer a um cara do que você gosta e do que não gosta. Garotas, muitos homens querem ser bons amantes, por isso, se você lhes disser do que gosta, eles tentarão fazer o melhor", Patrick, 41 anos, profissional de *marketing*.
- "Fale alto e claro quando uma coisa é boa ou não para você", Alison, 35 anos, produtor de filmes.

> **ELE FALA**
> Falar é bom e gracioso, mas gritar *Aaaah! Sim, continue assim, por favor, não pare!* geralmente funciona melhor.

Em resumo, a voz é a melhor ferramenta para garantir a sua satisfação sexual. Lembre-se: o seu homem não possui percepção extra-sensorial e, além disso, é ótimo quando você o orienta. "Quando a mulher não dá dicas, fico sem saber se o que estou fazendo é o melhor", admite Carlos, estudante de pós-graduação, 27 anos. "Por favor, me dê algum retorno!"

DICA nº 3: Faça barulho.

Quando o seu homem fizer sexo oral em você, não hesite em demonstrar o seu prazer. Os homens acham os seus gemidos de paixão extremamente eróticos. Quanto mais você se expressar, mais excitados os dois ficarão, como atestam os seguintes comentários:

- "Os sons que ela faz me ajudam a saber se estou fazendo tudo certo, sem contar que isso realmente me excita", Patrício, 40 anos, escritor.
- "Não esconda o seu prazer, fale palavrões, solte gemidos, grite, acaricie seus peitos etc.", Walter, 27 anos, gerente de *marketing*.
- "A comunicação é tudo. Mostre-nos que você está perto do orgasmo e, quando chegar lá, goze para valer (faça barulho)", Mauro, 23 anos, empregado de restaurante e estudante.
- "Você não vai machucar o meu rosto. Mexa esses quadris! Adoro isso", Xavier, 40 anos, engenheiro.

Existe uma razão para você manifestar a sua paixão. Se você se segurar, poderá interromper a respiração pesada, típica de quando se tem um orgasmo, e, assim, diminuir o poder do seu próprio clímax! Por isso, deixe a sua inibição do lado de fora do quarto.

DICA nº 4:

Mantenha uma boa higiene.

Muitas mulheres se preocupam se um homem irá gostar do cheiro delas "lá embaixo". Porém, esse não é o caso – até certo ponto. Muitos homens gostam do cheiro natural de uma mulher, mas preferem que você mantenha o lugar "limpo e fresco", como indicou Roberto, consultor, 45 anos. As duchas internas não são recomendadas, pois o forte jato de água acaba com a defesa natural da vagina e pode alterar o equilíbrio do seu pH. "Basta um pouco de água", diz Anderson, eletricista, 45 anos.

Porém, não é um grande problema caso você seja pega um pouco desprevenida. "Se ela cheirar um pouco 'forte', não vou ficar lá embaixo muito tempo, mas ainda vou ficar muito atraído por ela e esperar que ela não fique chateada", explica Tiago, 44 anos, gerente de logística.

Como mencionamos anteriormente, alguns homens preferem a depilação pubiana que segue a linha do biquíni. "Menos é mais em se tratando de pêlos", diz Cláudio, músico, 34 anos. "Não tenho nada contra os pêlos pubianos, mas eles deixam a cunilíngua menos gostosa", comenta Silas, 36 anos, programador de *software*. Outro músico, Samuel, 52 anos, afirma que depilar os pêlos pubianos faz do sexo oral "o melhor".

Contudo, muitos homens de nossa pesquisa não ligam para os seus pêlos. "Não ligamos se você acabou de chegar do trabalho ou da academia", informa Breno, 40 anos, arquiteto. "Queremos levar você à loucura!"

DICA nº 5:

Lembre-se de que ele não é um robô.

Sim, muitos homens querem que você relaxe durante o sexo oral, que não se preocupe se está "demorando demais", Jackson, artista gráfico de 52 anos, expressa o pensamento masculino mais comum ao garantir que "somos capazes de manter nossa ação mais tempo do que você imagina. É ótimo quando você goza, mesmo se demorar um pouco".

No entanto, o seu homem não é uma máquina. "Nossa mandíbula pode cansar", diz Tom, 31 anos, advogado. Cleiton, agente de controle de animais, também com 31 anos, observa que "o pescoço pode ficar consideravelmente tenso se ficarmos mais de quinze minutos na mesma posição". Portanto, se necessário, ajude-o colocando um apoio embaixo dos seus quadris ou do peito dele, como almofadas ou travesseiros. Sugira a ele que balance a cabe-

ELE FALA

Falando sério, garotas, se demorar mais de dez minutos, posso apresentá-las ao meu amigo INÁCIO: o Incrível Namorado Acionado a Pilha. Eu mesmo forneço as pilhas.

ça (o que dá um descanso à língua dele, ao mesmo tempo em que a mantém em você) ou use o dedo dele de vez em quando.

Procure não tratá-lo como um objeto inanimado. "Minha cabeça não é uma bola de boliche e meus ouvidos não são os buracos dessa bola", reclama Mateus, 46 anos, ativista político. "Se estou beijando você 'ali embaixo,' por favor, não coloque os seus dedos nos meus ouvidos!"

Além disso, saiba que, da mesma maneira que nem sempre você tem energia para dar a ele aquela chupada incrível, ele também pode, de vez em quando, tirar um dia de folga. "Às vezes, não estou inspirado", admite Boris, 43 anos, diretor de criação. Porém, se os dois conversarem, ficará tudo bem, não é?

E se tudo não der em nada?

Apesar de todo o empenho dele, há ocasiões em que você simplesmente sente que não irá gozar. Não se pressione. Como mostra a nossa pesquisa, os homens querem que você converse com eles. Diga-lhe o quanto você gostou e verifique as outras opções do cardápio!

Capítulo Cinco

"Primeiro, a lubrificação é uma boa coisa. Segundo, você não está operando um aspirador de pó."

Rubens, 36 anos, representante de vendas

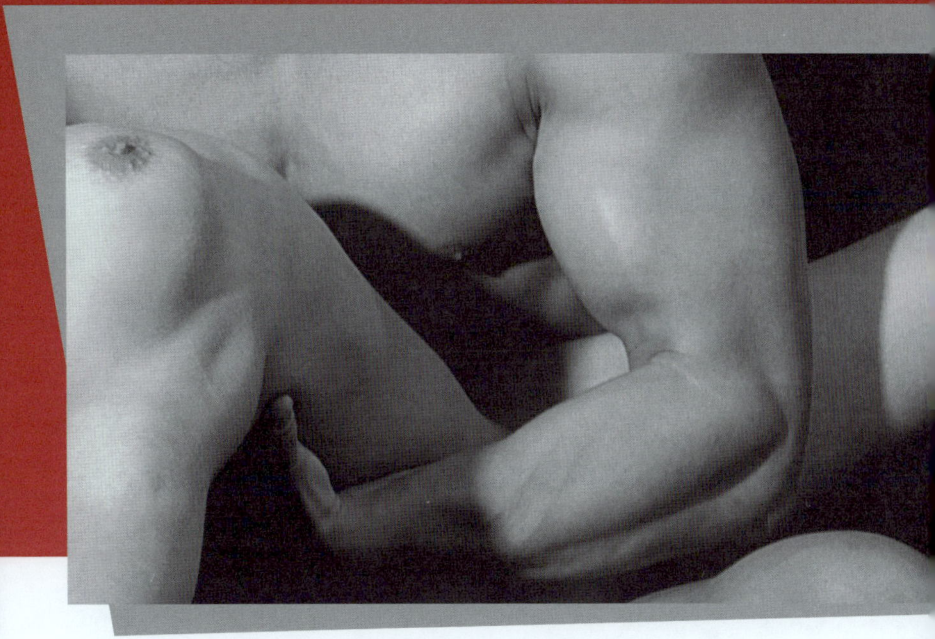

Trabalhos manuais

Você pode ser uma profissional manipulando o seu próprio equipamento. Porém, como você manobra o dele? Estejam vocês no quarto ou no cinema, você precisa conhecer a maneira certa de segurar as "ferramentas" dele. Por isso, pedimos aos homens que revelem seus anseios secretos no que diz respeito a ter prazer pelas mãos das mulheres. Suas respostas singelas podem surpreendê-las!

Do que os homens gostariam que as mulheres soubessem sobre a masturbação

Você está frente a frente com o "material" do seu homem, então, o que fazer?

Uma das lições mais importantes para você aprender é esta: *use algum tipo de lubrificante.* "Me lambuze todo!", pede Renan, 27 anos, estudante de pós-graduação. É raro o homem que quer ser cuidado a seco. "Não friccione meu 'fiel companheiro' a seco", aconselha Samuel, 52 anos, músico. Um a um, os homens que responderam a nossa pesquisa confirmaram que o "lubrificante é essencial". William, 39 anos, consultor de negócios, resume a questão: "*Não* esfregue a cabeça nem o prepúcio sem lubrificá-los". Tony, 27 anos, assistente de produção, indica as três coisas de que ele gostaria que as mulheres soubessem sobre a masturbação: "1. Quando começar. 2. Quando parar. 3. Quando usar um lubrificante".

DICA nº 1:
Use um lubrificante.

Que tipo de lubrificante deve ser usado? Depende do que você irá fazer depois. Se você estiver esfregando o instrumento do amor do seu homem com a intenção de ser penetrada em seguida, use um produto à base de água e silicone (leia o rótulo). É possível encontrá-lo em qualquer farmácia.

Não use um lubrificante à base de óleo se estiver planejando ter uma relação sexual com camisinha, porque – e isso é extremamente importante – o óleo prejudica o látex, como atesta Mateus, 46 anos, ativista político:

"A escolha certa de um lubrificante é fundamental", diz ele. "Existem produtos que são ótimos para a masturbação, mas não para o ato sexual. A vaselina funciona bem para mim, pois ela dura, mas sei que não posso usá-la com camisinhas de látex; assim, não vou utilizá-la se houver penetração depois. Às vezes, basta uma boa masturbação para me dar muito prazer."

No caso de haver apenas um trabalho manual, as opções de lubrificantes são várias. Você pode começar usando cremes para as mãos ou loções para o corpo, por exemplo, mas terá de mantê-los sempre à mão, pois a pele os absorve com facilidade. "A loção é só um começo", avisa Oliver, 42 anos, educador. À medida que você se torna mais confiante e criativa, pode diversificar com óleos para massagem, ou invadir a cozinha à procura de óleos vegetais comestíveis de milho, de girassol etc. Nosso amigo Kleber diz que você pode até usar óleo mineral. "É um produto fácil de encontrar e dá uma sensação incrível", enfatiza ele.

Evidentemente, sempre é possível usar a saliva (mas você precisa nos prometer que observará todas as regras para um sexo seguro). Essa é uma boa escolha para o caso de fazer planos para incrementar o seu trabalho manual com alguns agrados orais, mas falaremos desse assunto daqui a pouco.

DICA nº 2:
Segure firme.

Você já tem o membro masculino em suas mãos. O que fazer agora? Segure firme, bem firme. "Não seja tão gentil", aconselha Samuel, 46 anos, consultor de negócios; não hesite em pegá-lo com firmeza, ele não é uma peça de porcelana fina. "Meu pênis não vai quebrar", garante T. J., músico de 42 anos, "por isso, pegue firme". Por sua vez, Tom, 31 anos, advogado,

> **ELE FALA**
> Agarre o seu pulso com uma de suas mãos, segure firme e levante o braço inteiro. A pressão que você está aplicando no próprio braço é similar àquela que deve usar no pênis do seu homem.

compara-o a "segurar um taco de golfe. Não forte demais, mas não tão frouxo".

Poucos homens em nossa pesquisa mencionaram indicadores específicos. "Um homem gosta de sentir o pênis envelopado, bem 'agasalhado'", afirma David, 43 anos, administrador de sistemas, "por isso, afaste os seus dedos e procure envolvê-lo o máximo que conseguir com a mão". Por sua vez, J. B., 50 anos, engenheiro de *software*, prefere que a mulher "segure o pênis firmemente em direção à base, mantendo pressão constante (mas não exclusivamente) com o indicador e o polegar. Então, friccione para cima e para baixo sobre a cabeça". Você também pode usar a mão toda, com o polegar ou o dedo mínimo apoiado na borda, ou fazer um círculo com o polegar e o indicador.

DICA nº 3:

Mas não firme *demais*.

Com que firmeza você pode segurá-lo? Pergunte a ele!

É verdade, dissemos para você segurar firme. Porém, existe o firme e existe o forte. E existe a dor. "Você *não* está operando um aspirador de pó", avisa Rubens, 36 anos, representante de vendas. Ao que Bruno, 29 anos, diretor de filmes, acrescenta: "O pênis não é como uma alavanca de câmbio de um automóvel. Ele precisa de atenção aos detalhes". Por sua vez, Demian, executivo, 41 anos, pede explicitamente: "Não arranque a maçaneta!".

Na realidade, enquanto alguns homens gostam de uma pegada firme, vigorosa, outros preferem um toque mais suave. "Força demais não é legal", diz George, 50 anos, advogado. Peter, enfermeiro, 58 anos, pede que você "seja gentil e mantenha o ritmo". Richard, 35 anos, professor, observa: "Machuca se você puxar a pele ou espremer demais, por isso ou você usa bastante saliva, ou os movimentos têm de ser delicados e gentis".

Lembre-se de que é bom (talvez até recomendável) começar devagar, aumentando a intensidade gradativamente. "A ponta pode ficar superestimulada", diz Alex, gerente de operações, 32 anos. Por isso, "não procure ir direto para o orgasmo", aconselha Giovane, 64 anos, escritor. "Suave e devagar para começar."

> **ELE FALA**
> Caretas e gritos de dor (da parte dele) são boas indicações para você saber quando está apertando demais o pênis dele.

Quando o clímax estiver próximo, você não precisa adivinhar o quanto de pressão ele gosta. Basta perguntar-lhe. Roger, 39 anos, advogado, afirma: "Meu pênis é uma parte de mim; ele não é indestrutível. A idéia é esfregá-lo onde e como eu disser, e não arrancá-lo do meu corpo".

DICA nº 4:
Diferentes movimentos para diferentes propósitos.

Isso nos leva à próxima dica. A força da pressão, a velocidade e o ritmo que você usa dependerão do seu objetivo. A sua intenção é prepará-lo para a penetração? Ou a masturbação é o acontecimento principal da noite? "Bater uma para me fazer gozar exige um movimento diferente de quando é apenas uma preliminar", explica Mário, 34 anos, gerente de tecnologia. Eis mais alguns detalhes:

- "Uma vez que já começamos, rápido é bom", Nelson, 31 anos, cientista.
- "A variedade é uma coisa boa, e não apenas uma batida repetitiva. A cabeça é mais sensível e dá mais prazer do que o restante do pênis", Boris, 43 anos, diretor de criação.

Em se tratando de velocidade, o único consenso entre os homens que responderam à nossa pesquisa é que um ritmo constante,

DICA nº 5:
Diferentes batidas para diferentes indivíduos.

talvez acelerando um pouco no final, é a melhor maneira quando o assunto é a masturbação. "É preciso manter um ritmo constante", afirma Bruce, 31 anos, analista financeiro. "Mantenha uma ação contínua: começar e parar não resolve o assunto", acrescenta Greg, 35 anos, engenheiro.

Vários homens aconselharam você a não ir rápido *demais* (veja a Dica nº 3, na página 94) até ele estar perto do clímax. Então, "olhe para mim e acelere", sugere Roberto, 45 anos, consultor. "Comece devagar e forte, e vá acelerando lentamente, até ficar rápido", recomenda Mauro, empregado de restaurante e estudante, 23 anos. "Devagar, depois rápido e firme" também funciona para o gerente Marcus, 47 anos.

De fato, a combinação de batidas e velocidades é o que deixa a maioria dos homens (58% em nossa pesquisa) loucos de prazer. "Como no sexo oral, fazer a mesma coisa o tempo todo pode me desestimular", diz Daniel, 38 anos, corretor de imóveis.

Qual é a melhor maneira de descobrir do que o *seu* homem gosta? Experimente, observe a reação dele e, se tudo isso falhar, pergunte-lhe. Um pouco de sinceridade na comunicação nunca machucou ninguém, sobretudo na cama.

ELE FALA

Você pode pedir ao seu homem para se masturbar na sua frente, assim poderá ver como ele segura e faz. Afinal, existe uma razão para o cineasta americano Woody Allen ter chamado a masturbação de "sexo com a pessoa que mais amamos".

No final, a percepção é tudo. "Fique ligada para saber se estamos perto do orgasmo", aconselha Alison, 35 anos, produtor de filmes. Avalie as reações dele ao que você faz. Como nos lembra Miguel, 27 anos, analista financeiro: "Não pare antes da hora!".

DICA nº 6: Aprenda tudo de que ele gosta.

Como sabemos, os homens são diferentes uns dos outros. Então, vale a pena descobrir que tipo de trabalho manual o *seu* homem prefere. Será que ele quer que você "toque o lado inferior do pênis", como gosta o cientista Robson de 59 anos? Ou será que ele prefere ver você "brincar com a ponta", como sugere Xavier, 40 anos, engenheiro? Você pode simplesmente exclamar: "Pergunte de que eu gosto", diz Jerônimo, 45 anos, profissional de *marketing*. Ou coloque a mão sobre o pênis e peça que ele lhe mostre. Depois, repita os movimentos dele. "Você precisa seguir a mão do seu homem", afirma Cláudio, 34 anos, músico. "Pode ser frustrante se for lento demais ou muito demorado."

Algumas vezes, você pode aprender do que ele gosta apenas observando. "Preste atenção às reações masculinas", ensina Marcus. "A firmeza da sua pegada e a velocidade precisam estar corretas." Por isso, é tão importante manter uma comunicação verdadeira com o seu amante. "Não aperte, nem puxe a pele para cima e para baixo!", afirma Tiago, 44 anos, gerente de logística. "Deslizar firme e suavemente pode ser inútil. Você precisa falar comigo para que possamos ficar sintonizados um com o outro."

ELE FALA

Como em tudo na vida, a prática faz a perfeição; por isso, não se desespere se você não for uma especialista logo na primeira tentativa. Nós valorizamos seu empenho e adoramos o fato de você estar disposta a experimentar e aprender.

Lembre-se de que, como em qualquer outro aspecto do sexo, vale a Regra de Ouro. "Como *você* gostaria que fosse?", pergunta

Pablo, 51 anos, artista plástico. "Na masturbação, você está simulando o ato sexual; assim, pense em sua mão como uma cópia do seu corpo."

Uma ótima masturbação pode ser um sonho, mas não é a atração principal para muitos homens. "Preferimos fazer sexo de verdade", afirma Denis, 40 anos, analista. "É bom, mas nunca será tão bom quanto uma chupada ou uma penetração", acrescenta Patrício, 40 anos, escritor. O seu homem tem manipulado o "equipamento" dele a vida inteira e pode ter preferências específicas. Cleiton, agente de controle de animais, 31 anos, declara: "Sempre posso fazer um serviço melhor para mim mesmo. Afinal, tenho feito isso desde os 13 anos!". Outros simplesmente preferem formas diferentes de atingir o orgasmo. "A masturbação nunca deve ser longa", diz Sérgio, 27 anos, estudante. "Não é assim que quero gozar."

DICA nº 7:
Isso não é tudo (na maioria das vezes).

Contudo, para alguns homens, o trabalho manual realmente funciona, sobretudo quando é inesperado:

- "É uma ótima maneira de dar a um cara um orgasmo intenso. Sim, garotas, nós nos masturbamos o tempo todo, mas sentir outra pessoa nos tocando desse jeito pode ser *realmente* bom", Patrick, 41 anos, profissional de *marketing*.
- "Às vezes, a masturbação pode ser melhor do que a penetração ou o sexo oral", Jackson, 52 anos, artista gráfico.
- "É sempre melhor do que nada. Se a mulher está cansada e não quer chupar nem fazer sexo, então isso funcionará para o cara. Mas não esqueça o lubrificante!", Walter, 27 anos, gerente de *marketing*.

- "É a surpresa que faz a masturbação especial. Quando você não espera e ela acontece, é ótimo", Bernardo, 28 anos, engenheiro.

Uma observação final: excitá-lo enquanto vocês dois ainda estão vestidos pode ser supererótico, mas não tenha medo de usar as mãos quando estiverem nus. "É mais gostoso se você também estiver pelada", exclama Mauro, 23 anos.

> **ELE FALA**
> Trata-se realmente de manipular completamente o seu homem (pense em todas as partes do corpo masculino que possam servir a esse propósito, além dos órgãos genitais). Não existe nenhuma regra que diga que você tem de usar a sua mão apenas e diretamente no pênis. A mão direita pode friccionar o pênis, enquanto a esquerda fica sobre as bolas, e a boca, beijando o estômago. Faça de tudo isso um delicioso jogo do prazer.

As melhores técnicas manuais

Então, que tipos de trabalhos manuais aparecem mais vezes na lista das preferências masculinas? Pedimos aos participantes da nossa pesquisa que indicassem a técnica manual mais incrível que uma mulher já aplicou neles. Classificamos as respostas em oito categorias básicas:

Ela usou as duas mãos

Enquanto uma das mãos estiver ocupada, não fique parada examinando as unhas da outra mão. Coloque as duas na massa:

- "Ela usou uma das mãos para esfregar o pênis, enquanto a outra acariciava meus testículos", Mário, 34 anos, gerente de tecnologia.
- "Ela usou as duas mãos ao mesmo tempo com técnicas totalmente diferentes... Foi absolutamente incrível!", Samuel, 52 anos, músico.
- "As duas mãos puxando para cima com uma girada no fim. Ela nunca puxou para baixo. Foi inacreditável", Jerônimo, 45 anos, profissional de *marketing*.
- "Ambas as mãos em um movimento giratório, tudo muito bem lubrificado", Jonas, 24 anos, construtor.
- "Óleo e as duas mãos", Ruy, 45 anos, professor.

Ela serviu um banquete sexual

Como no sexo oral, não se trata de uma coisa ou de outra. A masturbação mais memorável foi aquela que envolveu as mãos *e* a boca dela:

- "Ela me esfregou e me chupou ao mesmo tempo", Bruce, 31 anos, analista financeiro.
- "Foi a combinação com uma chupada", Jonathan, 59 anos, consultor; Peter, 58 anos, enfermeiro; Anderson, 45 anos, eletricista; Pablo, 51 anos, artista plástico; Christian, 34 anos, engenheiro de *software*; entre outros!
- "Ela usou muita saliva e manteve o rosto e a boca bem perto", Sérgio, 27 anos estudante.
- "Quando a mão dela deu lugar à boca", Tiago, 44 anos, gerente de logística.

Não se esqueça dos vizinhos: "A vez mais incrível foi quando ela me masturbou, enquanto tocava outras partes do meu corpo: bolas, ânus etc.", conta Patrick, 41 anos, profissional de *marketing*.

Ela dominava a técnica da masturbação

Para alguns homens, a técnica mais incrível de sua mulher fez da masturbação uma experiência memorável:

- "Ela me olhou nos olhos, enquanto me esfregava do jeito que eu gosto... Eu tocava os seios dela... uau. Só uma mulher me fez gozar com uma masturbação. Foi maravilhoso", Marcus, 47 anos, gerente geral.
- "Toda a masturbação foi feita enquanto eu ainda estava de cuecas. Ela continuou um pouco mesmo depois do orgasmo. Eu ainda vibro só de pensar no prazer que senti", Mateus, 46 anos, ativista político.
- "Nada excepcional, mas ela tinha o toque e o ritmo certos na parte inferior e na cabeça, que é bem sensível. Ela vinha de baixo para cima, girava e voltava para baixo. É difícil explicar", Silas, 36 anos, programador de *software*.
- "Ela me acariciou em todo lugar com movimentos parecidos com a penetração", Samuel, 46 anos, consultor de negócios.
- "Ela tinha uma pegada do polegar com o indicador bem interessante", Paulo, 29 anos, estudante de pós-graduação.
- "Ela usou a palma da mão molhada, concentrando-se na ponta, como se estivesse modelando uma massa", Demian, 41 anos, executivo.

Ela tinha ritmo

A garota sabia como estabelecer e manter um ritmo. "Ela aplicou uma pressão firme, começou devagar e foi acelerando, ao mesmo tempo em que eu respirava mais rápido", diz T. J., músico, 42 anos. "Ela antecipava a minha excitação."

Lugares, lugares, lugares

Para muitos homens na nossa pesquisa, a masturbação mais memorável não aconteceu na cama, mas em outros lugares:

- "Ela me acariciou discretamente em público (no cinema etc.)", Patrício, 40 anos, escritor.
- "No carro, enquanto eu dirigia", Robson, 59 anos, cientista.
- "Ela me masturbou em um lago numa tarde de verão, usando um óleo bronzeador. Ela me deixou louco", Breno, 40 anos, arquiteto.
- "Além dos carinhos que ela me fazia enquanto me masturbava, que eram muito bons, preciso dizer que não foi a técnica, mas o lugar o que mais me excitou, quer dizer, uma boa masturbação em um lugar inesperado, como no escurinho do cinema", Richard, 35 anos, professor.
- "Ser masturbado enquanto dirijo é, sem dúvida, a melhor", Bernardo, 28 anos, engenheiro.

Ela soube explorar outras áreas

Essas mulheres sabiam que, às vezes, as áreas "proibidas" produzem grande prazer quando combinadas com uma excelente técnica manual:

- "Ela colocou um filme pornô, vestiu uma roupa *sexy* e com uma das mãos me lubrificou e me esfregou, enquanto a outra estava dentro de mim, pressionando a próstata", Roberto, 45 anos, consultor autônomo.
- "Enquanto me esfregava com uma mão, com a outra ela brincava com meu ânus", Alison, 35 anos, produtor de filmes.

Ela foi exótica

Ocasionalmente, uma técnica inesperada resultou em uma masturbação que ficou para sempre na memória dos nossos entrevistados:

- "Ela usou uma dessas luvas massageadoras para me masturbar. Loucura total", William, 39 anos, consultor de negócios.
- "Ela se deitou no chão com o meu pênis nas mãos", Lucas, 32 anos, estudante.
- "Nua, ela se sentou no meu peito enquanto me masturbava", Mauro, 23 anos, empregado de restaurante e estudante.
- "Ela bateu uma para mim enquanto me dominava, dizendo coisas infames e me fazendo chupar o dedão de seu pé", Nelson, 31 anos, cientista.
- "Foi uma massagista asiática que parecia conhecer cada nervo e cada músculo de toda a minha virilha e adjacências, e soube como tirar o máximo prazer deles", Rubens, 36 anos, vendedor.

Nenhuma das anteriores

Por fim, há homens que jamais puderam apreciar um bom trabalho manual feito por suas mulheres:

- "Nunca realmente experimentei algo excepcional", Tom, 31 anos, advogado.
- "É, tudo bem", Xavier, 40 anos, engenheiro.
- "Nada especial", George, 50 anos, advogado.

Masturbação: ele gosta de olhar

Evidentemente, a melhor maneira de aprender como o seu homem gosta de ser manipulado é observando como ele se masturba. A maioria dos homens – 47% dos nossos entrevistados – adora quando você os olha fazendo isso e agradece a oportunidade de lhe mostrar as técnicas que eles preferem. Porém, 35% deles disseram que gostam de ser observados, mas que isso não adianta muito para eles. Por fim, 18% se sentem envergonhados de se masturbar na sua frente.

É triste ver que muitas pessoas foram condicionadas a sentir vergonha por se masturbar. Ele pode ficar embaraçado em admitir que se masturba sem você, embora muitos homens bem casados se masturbem regularmente. Para fazê-lo se sentir mais à vontade, gostaríamos de sugerir-lhe alguns gestos, como colocar a sua mão sobre a dele e guiá-la até o pênis. Encoraje-o a se masturbar e a ejacular em seu estômago – muitos homens adorariam a oportunidade de reproduzir essa cena de filme pornô. Outra opção é você aproveitar para também se acariciar, estimulando-o a fazer o mesmo (conhecida também como masturbação mútua). Mostre interesse e excitação; demonstre como você gosta de observá-lo.

Na realidade, é bem provável que ele também goste de ver *você* se masturbar. Excepcionais 82% dos homens em nossa pesquisa disseram que observar uma mulher se masturbar é algo completamente excitante. Absolutamente nenhum homem disse que preferiria não olhar.

Por que olhar uma mulher se tocar excita os homens? Bem, é mais complicado do que simplesmente dizer que a sua excitação o excita! "Adoro ver uma mulher se dar prazer, porque adoro vê-la excitada e também adoro vê-la gozando", afirma Jerônimo, 45 anos, profissional de *marketing*. "Há também aquele aspecto proibido que é ver o que funciona para ela."

"Para mim, é vê-la e ouvi-la ficar excitada. Adoro isso; em geral, não consigo resistir e me junto a ela. Às vezes, também gosto que ela use a minha mão para se masturbar. Tudo é muito instrutivo também", comenta Patrício, 40 anos, escritor.

"É um ato muito íntimo", acrescenta o empregado de restaurante e estudante Mauro, 23 anos. "Você pode aprender muito. Além disso, com a masturbação não existe a pressão de outra pessoa exigindo um bom desempenho. Então, some-se a tudo isso todas as coisas que fazem de qualquer ato sexual um completo prazer!"

Vários homens mencionaram a oportunidade de aprender como uma das principais razões que explicam por que gostam de olhar. "Você pode vê-la atingir o prazer ideal de maneira livre, sem a idéia de compartilhar ou retribuir", afirma o corretor de imóveis Daniel, 38 anos.

ELE FALA

Sabe quando, às vezes, vocês dois estão um pouco cansados para ter uma relação sexual completa, mas ainda querem ter prazer? Eis aí uma ocasião maravilhosa para fazer a mútua masturbação. Menos trabalho, o mesmo resultado, além de aproveitar a companhia um do outro.

Deixe os seus dedos trabalharem

Lembre-se de que a visão é um ponto forte para a maioria dos homens, e não há nada de que gostem mais de olhar do que você se masturbar e mostrar toda a sua sexualidade. "Para mim, é a constatação de que ela realmente gosta de sexo e procura o próprio prazer", conclui Nelson, 31 anos, cientista. Portanto, vocês dois podem se beneficiar de uma demonstração manual. A timidez, aqui, não tem vez.

Capítulo Seis

"Fico mais excitado quando sinto que a mulher está excitada. Por isso, é importante que ela se concentre no próprio prazer."

Ruy, 45 anos, professor

O prato principal

Neste capítulo, os homens conversam acerca do ato sexual propriamente dito. Será que eles gostam de muita conversa *sexy* durante o sexo, ou absolutamente nenhuma? Quais são as suas posições preferidas? O que gostariam de experimentar? Os exercícios de Kegel realmente ajudam? (Se você não sabe o que são os exercícios de Kegel, preste bastante atenção, porque nas páginas a seguir você terá a explicação.) Você deve dizer a ele se não estiver chegando perto do orgasmo? Fizemos todas essas e muitas outras perguntas aos homens.

Do que os homens gostariam que as mulheres soubessem sobre "o ato"

Se um homem tivesse de escolher *uma* coisa só que ele gostaria que sua parceira soubesse sobre o ato da penetração, qual seria ela? Entre uma variedade de respostas, uma se destacou:

DICA nº 1:

É mais excitante se *você* estiver excitada!

Os homens querem parceiras que tenham prazer na cama. É simples assim. Por isso, os homens, pelo menos aqueles que responderam à nossa pesquisa, farão tudo para você ficar feliz. "Insisto em saber se ela está gostando", diz T. J., 42 anos, músico. "Detestamos uma mulher que deixa tudo para o homem fazer. Penso que os homens realmente sentem prazer com o prazer dela." Vários outros concordaram com T. J., acrescentando que eles realmente querem que você seja egoísta com o próprio prazer, por razões parcialmente egoístas. "Fico mais excitado quando sinto que a mulher também está excitada", afirma Ruy, 45 anos, professor. "Por isso, é importante para uma mulher se concentrar no próprio prazer."

De fato, não existe frustração maior do que ter uma parceira que faz sexo movida por um senso de obrigação. "O sexo deve ser divertido, gostoso, não uma tarefa, muito menos uma obrigação", pontua Benjamin, 37 anos, empresário. Por sua vez, Rubens, 36 anos, acrescenta: "É inaceitável apenas deitar lá". Também não pense que você pode iludi-lo fingindo paixão. "O seu parceiro é capaz de perceber se você está ou não envolvida de verdade", avisa Peter, enfermeiro, 58 anos.

ELE FALA

Sexo e *pizza*: ambos são bons quando estão frios, mas são bem melhores quando estão *quentes*.

Para os homens em nossa pesquisa, é preciso se livrar do pudor para ter prazer na cama. "As mulheres precisam deixar a inibição de lado e apenas se entregar ao prazer", diz Marcus, 47 anos, gerente geral. "Não se preocupe com o que posso ou não posso pensar. Ouse!" Quanto mais você se despreocupar e se concentrar apenas no que está acontecendo, melhor. "O sexo é uma conversa entre dois corpos, portanto, *não* deve haver pensamento nenhum", aconselha Anderson, 45 anos, eletricista. Na hora do sexo, você não tem de se preocupar com o seu cabelo: "Quanto mais desarrumado e molhado de suor ele estiver, melhor", avisa Renan, 27 anos, estudante de pós-graduação.

Sim, o entusiasmo sincero vence qualquer técnica mirabolante. "A única coisa com a qual a mulher deve se preocupar é o que significa para o homem fazer um sexo incrível", afirma Patrick, 41 anos, profissional de *marketing*. "Além do mais, não existe uma posição 'ruim', desde que os dois estejam envolvidos no ato."

DICA nº2:
Eles querem que você tenha prazer, de verdade.

Os homens desejam que você *realmente* tenha prazer, alcançando um clímax fantástico e estrondoso. Repita conosco: *não* é egoísmo se concentrar no próprio orgasmo. "As mulheres deveriam priorizar o próprio orgasmo, porque o homem sempre terá o dele de qualquer maneira", lembra Walter, 27 anos, gerente de *marketing*. "Além disso, é um tesão incrível ouvir a mulher gemer ao gozar." Jerônimo, 45 anos, profissional de *marketing*, concorda com isso. "Não se prive", diz ele. "Deixe-nos ver quantas vezes você é capaz de ter um orgasmo. Eu posso gozar só uma vez; assim, solte-se e aproveite. A coisa mais sensual que você pode dizer é 'estou gozando!'"

Apesar do que vemos na mídia sobre homens e sexo, "os homens não fazem sexo só para gozar!", diz Samuel, 52 anos, músico.

DICA nº 3:
Significa algo mais para eles.

Jackson, artista gráfico, tem a mesma opinião: "Estamos interessados em outras coisas além disso, de verdade", enfatiza ele. Selton, 27 anos, estudante e garçom, acrescenta: "Durante o sexo, há muito mais do que apenas a penetração". Ao mesmo tempo, outros homens como Peterson, 42 anos, representante de vendas, lembram que o sexo "nem sempre é um compromisso".

DICA nº 4:
A variedade é o tempero da vida.

Se você tem algo bom com o seu parceiro, vale a pena combinar coisas diferentes de vez em quando. Os participantes da nossa pesquisa repetiram o mesmo refrão que afirma que a variedade é essencial para manter o sexo interessante. "Sempre a mesma posição cansa e aborrece", diz Cláudio, 34 anos, músico. Portanto, não tenha medo de mudar de vez em quando. "É muito bom experimentar várias posições diferentes antes de terminar", comenta Patrício, 40 anos, escritor.

> **ELE FALA**
> Se os homens quisessem apenas "gozar", ficariam em seu sofá assistindo a um filme pornô e se masturbando. Mais do que isso, cumprimos todas as etapas, levando você a jantares românticos, boates e festas, e, às vezes, até fingimos interesse em todas as suas conversas, porque, quando chega a hora, gostamos muito mais de fazer sexo com você do que sozinhos.

Ao mesmo tempo, não se pressione para reescrever a história sexual toda vez que fizer amor. "Não é necessário que cada vez seja o máximo do êxtase amoroso, superando todos os atos sexuais anteriores em toda a história do universo", diz Roger, 39 anos, advogado. "Às vezes, é divertido apenas fazer sexo."

Todas as incríveis posições sexuais do *Kama Sutra*

são inúteis se você não falar para o seu parceiro sobre o que gosta na cama. "A comunicação é essencial", afirma o produtor de filmes Alison, 35 anos. Os homens em nossa pesquisa querem que você os guie por suas regiões de prazer. "Seja honesta em relação ao que quer, de modo que ele possa entender as suas necessidades", aconselha Demian, 41 anos, executivo. Por sua vez, J. B., 50 anos, engenheiro de *software*, diz: "Você não precisa fingir. Tenho certeza de que podemos encontrar uma maneira para você gozar. Ajude-me a encontrá-la".

DICA nº 5:
A comunicação é essencial.

Falando no assunto, se você estiver se aproximando do clímax, mostre para ele de todas as formas! "Gosto quando a mulher fala comigo. Quero saber onde ela está", revela Bruno, 29 anos, diretor de filmes. "Se ela está perto do orgasmo, preciso saber para que eu possa me controlar e gozar ao mesmo tempo."

De fato, se você se expressar, haverá maior probabilidade de ambos alcançarem uma sintonia perfeita. Tiago, 44 anos, gerente de logística, diz: "Acredite, querida, quero segurar o meu orgasmo e tentar gozar ao mesmo tempo que você, mas eu sou apenas humano (macho!) e posso perder o controle se não conversarmos e nos mantivermos mutuamente 'informados'". A maioria dos homens gostaria de prolongar o seu prazer, segurando o gozo, afirma Silas, 36 anos, programador de *software*, "mas nossos reflexos são tão instintivos que uma comunicação extra é necessária para que isso aconteça". Demonstre para ele, também, se você está disposta a uma rapidinha ou a uma longa sessão. "Dê-nos alguma dica de quanto tempo você gostaria que a relação durasse", pede Richard, 35 anos, professor, "e depois trabalhe junto conosco para fazer acontecer, uma vez que diferentes técnicas levarão a um rápido ou demorado deleite sexual".

ELE FALA

A melhor mentira que uma mulher já me contou foi "Ohhh, nunca experimentei *isso* antes!". Eu sabia que era mentira, mas ela me fez sentir como um campeão sexual.

Lembre-se de que você também é humana. Avise-o quando você estiver cansada (de uma maneira gentil, é claro). "Fale quando for o bastante!", diz David, 43 anos, administrador de sistemas. Alex, 32 anos, gerente de operações, também concorda: "Avise-nos antes de ficar cansada ou dolorida", pede ele.

Por fim, mas não menos importante, não se esqueça de que a comunicação não se limita apenas a dar indicações, também inclui a manifestação do quanto você está gostando. "Liberte-se, seja sensual, grite, fale palavrões, envolva-se com o ato", é o conselho de Roberto, consultor, 45 anos, para as mulheres. "Barulho é bom", afirma Mauro, 23 anos, empregado de restaurante e estudante. "Sinta-se à vontade para gritar."

DICA nº 6:

Tome a iniciativa!

Embora já tenhamos discutido o tema anteriormente, vale a pena repetir: a maioria dos homens gosta quando você toma a iniciativa de vez em quando. "É realmente excitante quando a mulher toma a iniciativa", revela Christian, 34 anos, engenheiro de *software*. "Gostaria que as mulheres soubessem quando assumir o controle (ou assumissem o controle mais vezes)", acrescenta Tony, 27 anos, assistente de produção.

ELE FALA

O *feedback* verbal é ótimo, mas nem sempre necessário. Entretanto, ficar ali imóvel, choramingando, é ruim. Isso nos faz pensar que fizemos alguma coisa errada.

Pense em como seria exaustivo se você sempre tivesse de

dar o primeiro passo ou fosse obrigada a inventar diferentes maneiras de incrementar a relação. "Sempre buscamos experimentar coisas novas", diz Paulo, 29 anos, estudante de pós-graduação. "Tome a iniciativa. É quase certo que adoraremos tudo o que você sugerir." Como Boris, 43 anos, diretor de criação, esclarece: "A experimentação é divertida. Procure posições diferentes e tome a iniciativa de vez em quando".

Assumir o controle também pode garantir que você consiga mais do que *você* quer na cama, pois é improvável que o seu homem se oponha a qualquer sugestão vinda de você. "Gosto quando uma mulher controla a velocidade", revela Mateus, 46 anos, ativista político. "Sou bastante sensível às necessidades dela e, se ela estiver no controle, sei que não estou indo rápido demais ou forte demais e que ela está devidamente lubrificada."

DICA nº 7:
Estabeleça o ritmo.

Em se tratando de sexo, lembre-se de que o ritmo é importante. Se você quiser uma sessão longa e carinhosa, comece devagar. "Se escolher um ritmo mais lento, serei capaz de demorar tanto quanto você quiser", afirma William, 39 anos, consultor de negócios. "Se você preferir um ritmo mais forte e rápido logo de início, então será uma relação bem mais curta." Além disso, como lembra Giovane, 64 anos, escritor: "Não há pressa". Lembre-se de que seu parceiro não é uma máquina. "Eu simplesmente não consigo fazer isso por horas a fio", exclama Robson, 59 anos, cientista.

DICA nº 8:
Faça muito sexo!

Se você quiser ter mais chances de conseguir que seu homem prolongue o seu prazer, aumente a freqüência das suas relações sexuais. De acordo com os participantes de nossa pesquisa, um homem que está faminto por transar (situação conhecida como "demanda reprimida") não será capaz de esperar que você se sinta plenamente satisfeita, como aquele que mata sua fome mais regularmente. "Se você não fizer sexo freqüentemente, o tempo que um homem levará para ejacular ficará cada vez mais curto", esclarece Cleiton, 31 anos, agente de controle de animais. "Por essa razão, para maximizar o seu prazer, as mulheres precisam fazer mais sexo!"

DICA nº 9:
Homens diferentes gostam de coisas diferentes.

Por sua vez, P. B., 51 anos, *headhunter*, resume a questão: quando se trata de sexo, "mais é melhor".

Muitos dos comentários que recebemos não puderam ser agrupados nessas categorias. Por isso, relacionamos a seguir alguns que os homens gostariam que você soubesse sobre o ato sexual:

- "O ato é apenas uma parte de toda a sedução. Alterne entre a penetração e o sexo oral. Trabalhe outros sentidos, como o toque, quente/frio, gosto etc.", Bernardo, 28 anos, engenheiro.
- "O sexo é melhor durante a tarde, quando se está descansado, sóbrio, presente, e há uma gostosa luz natural para aproveitar", Natan, 48 anos, advogado aposentado.
- "É uma coisa visual para o homem. Nem sempre consigo fazer isso no escuro", Oliver, 42 anos, educador.
- "Algumas das melhores relações sexuais acontecem quando você está menstruada. As mulheres com quem fiz isso disseram que o sexo é incrível nesse período", Breno, 40 anos, arquiteto.
- "O contato entre a pélvis feminina e a masculina é de extrema importância e para a satisfação de uma mulher... aquele roçar é essencial... não só o vai-e-vem. Não. Espere. Acho

que alguns homens também precisam saber disso", Pablo, 51 anos, artista plástico.

- "A lubrificação é boa para nós dois", Mário, 34 anos, gerente de tecnologia.

ELE FALA

Ah! Nem mesmo o roqueiro inglês Sting é capaz de persistir horas a fio. Recentemente, ele admitiu que a sua última relação sexual tântrica de oito horas de duração resumiu-se, na verdade, a um jantar, cinema, voltar para casa, quatro horas de súplicas e, finalmente, sexo.

As posições preferidas

Pedimos aos homens que indicassem a sua posição preferida para a penetração. Pensávamos que eles mencionariam a papai-e-mamãe, ou seja, ele por cima, como a posição número 1 em suas preferências. Porém, surpreendentemente (ou talvez nem tanto), eles disseram que preferem ter você por cima ou penetrá-la por trás, enquanto você está de quatro.

ELE FALA

Surpreendentemente, a lubrificação também pode ser usada para diminuir um pouco o ritmo. Se você estiver bem lubrificada, não haverá tanta fricção nas partes sensíveis. Isso faz a relação sexual durar mais!

A mulher por cima

Por acaso, você pensa que seu parceiro ficará contrariado em deitar de costas, enquanto você cavalga por cima dele? Pense outra vez. Trinta por cento dos homens que participaram de nossa pesquisa citaram "a mulher por cima" como a posição favorita. Suas explicações foram classificadas em algumas categorias gerais.

Em primeiro lugar, temos a visão:

- "A penetração total. E além de a mulher ser mais ativa nessa posição, posso ver e tocar os seios dela", William, 39 anos, consultor de negócios.
- "Posso olhar para ela. A visão de uma mulher nua sentada em cima de mim é incrivelmente erótica", T. J., 42 anos, músico.
- "Primeiro, estimula melhor a mulher; segundo, posso vê-la melhor; terceiro, posso prolongar o ato; e quarto, nós dois podemos nos mover mais", Nelson, 31 anos, cientista.
- "Gosto de observar o rosto dela e agarrar os seus seios", Silvio, 29 anos, estudante de pós-graduação.
- "Adoro observá-la em cima de mim, procurando a melhor posição para *ela* e alcançando o prazer total", Paulo, 29 anos, estudante de pós-graduação.
- "Gosto da visão do rosto e do corpo de uma mulher nessa posição. É fantástico poder acariciar o corpo dela com as mãos e a boca enquanto ela se delicia em cima de mim", Richard, 35 anos, professor.

Os homens também percebem todo o prazer que essa posição oferece a *você e gostam disso*:

- "Em geral, a mulher tem mais orgasmos quando está em cima, o que me deixa emocionalmente aliviado. Ela está no controle", Roger, 39 anos, advogado.
- "Além do contato corporal, do contato visual e do contato com os seios, há melhor penetração e controle para a mulher", Samuel, 52 anos, músico.

- "Minha namorada tem muito prazer nessa posição", Carlos, 27 anos, estudante de pós-graduação.
- "Porque é a maneira mais fácil para uma mulher alcançar o êxtase. Para os homens, gozar é uma conseqüência natural... é só uma questão de tempo", Pablo, 51 anos, artista plástico.
- "Provavelmente, porque essa posição permite que a mulher tenha mais controle sobre suas sensações, e é sempre maravilhoso ver uma mulher se contorcer de prazer em cima de mim. Também é ótimo para o homem, pois permite máxima penetração", Rubens, 36 anos, vendedor.

Porém, não se engane; os homens preferem que você fique por cima, porque também é maravilhoso para eles. "Oferece o melhor contato e pressão para mim", revela Jonathan, 59 anos, consultor.

Entrada por trás

Outros 30% dos homens de nossa pesquisa adoram penetrá-la por trás. Suas razões variaram, também começando com a visão:

- "Adoro segurar os quadris dela e observar meu membro entrar e sair", Mário, 34 anos, gerente de tecnologia.
- "Adoro olhar a bunda dela e também o meu pênis entrando e saindo da vagina", Jonas, 24 anos, construtor.
- "Gosto de me ver entre as nádegas dela e de quando ela se vira para me olhar", Miguel, 27 anos, analista financeiro.
- "Gosto de ver toda a bunda dela", Roni, 29 anos, estudante.

- "Posso ver os quadris dela se mexer; além disso, essa posição dá a nós dois maior liberdade de movimentos", Silas, 36 anos, programador.

Eles também mencionaram as sensações prazerosas que experimentam (e, mais uma vez, a visão que têm do corpo da mulher):

- "A sensação é ótima. Posso agarrar aqueles quadris e agir!", Xavier, 40 anos, engenheiro.
- "É simplesmente incrível, pois a pressão é a melhor, a bunda dela está bem ali e os peitos estão ainda acessíveis", Anderson, 45 anos, eletricista.
- "Prazer físico, ótima visão do corpo feminino, sem falar nas muitas coisas que se pode fazer nessa posição", Sérgio, 27 anos, estudante.
- "A sensação é a melhor e adoro olhar a bunda da mulher", Walter, 27 anos, gerente de *marketing*.
- "A sensação é completamente diferente de qualquer outra posição. Gosto de ver o bumbum e as costas da mulher. É animal", Breno, 40 anos, arquiteto.
- "Em geral, é mais apertadinho", Bruno, 29 anos, diretor de filmes.

Para alguns homens, entrar por trás dá a eles mais controle (e, claro, uma ótima visão):

- "Nessa posição, levo um tempo para ejacular, o que me permite controlar a velocidade e o ritmo. Além disso, adoro agarrar a bunda dela enquanto a penetro", Bruce, 31 anos, analista financeiro.

- “Essa posição parece mais devassa e tenho mais controle”, Alison, 35 anos, produtor de filmes.
- “Tenho mais poder, visão e controle”, Daniel, 38 anos, corretor de imóveis.

Para muitos homens, a visão de seu bumbum é extremamente excitante (em outras palavras, eles gostam da visão):

- “Gosto de bunda”, Tom, 31 anos, advogado.
- “Adoro a bunda de uma mulher!”, J. B., 50 anos, engenheiro de *software*.

Uma explicação semicientífica

Mais uma vez, procuramos nosso amigo e brilhante antropólogo doutor Timothy King, agora para perguntar por que os homens parecem preferir a mulher por cima e a penetração por trás em vez da posição papai-e-mamãe. Na opinião dele, o que acontece é o seguinte: como espécie animal, estamos programados para a entrada por trás, mas, como evoluímos, acabamos preferindo posições cara a cara.

“A posição de quatro”, segundo o doutor King, “é a postura-padrão dos mamíferos. Ainda estamos bastante ligados a essa posição. Nosso aparelho reprodutor se adaptou a essa postura ao longo de milhões de anos (como mamíferos) e, portanto, em geral ela nos parece boa.”

Todavia, as posições do papai-e-mamãe e da mulher por cima são maneiras mais novas de fazer sexo. (É interessante observar que os chimpanzés e os macacos bonobos, nossos parentes próximos, também fazem sexo dessa maneira.) Por quê? “No mundo primata, o sexo não visa apenas à reprodução; ele também serve para estabelecer relações sociais", explica o doutor King. "Existem alguns dados estatísticos que mostram que somente uma pequena porcentagem dos encontros sexuais de humanos, chimpanzés e bonobos tem fins reprodutivos." Em outras palavras, fazemos sexo para nos relacionarmos socialmente, e os seres humanos fazem sexo por mais tempo do que qualquer outro mamífero. Nosso corpo até se adaptou ao longo do tempo para se acomodar a relações sexuais mais duradouras e prazerosas.

"Porque o sexo tem um fim social e considerando que os seres humanos evoluíram para ser bons nisso", continua o doutor King, "também procuramos posições sexuais que favorecessem o contato visual 'cara a cara', que pode beneficiar e aumentar os laços sociais."

É aqui que essa teoria científica fica interessante. De acordo com o doutor Timothy King, alguns pesquisadores defendem que as mamas da mulher são grandes (em comparação com as dos animais) e funcionam como sinais visuais porque deixamos de fazer sexo de quatro para assumir outras posições. "Sabe-se que o bumbum da mulher exerce uma atração inata e universal", diz o antropólogo. O que acontece se você mudar de posição? Considerando que o sexo cara a cara é importante para estabelecer laços sociais – o que explica a tendência de nos sentirmos mais "íntimos" do que, digamos, na posição de quatro –, a idéia é que os seios tomaram o formato atrativo do bumbum feminino. (De fato, nossos parentes próximos não têm mamas externas, lembra o doutor King.) Outra teoria afirma que os seios se tornaram um tipo de sinal novo: nos primórdios da nossa história, as mamas não eram tão atrativas, mas depois se tornaram grandes para amplificar o sinal erótico e ser tão atrativas quanto o bumbum, tornando o sexo cara a cara mais desejável.

Se seguirmos essa linha de pensamento, as posições do papai-e-mamãe e da mulher por cima deveriam ser igualmente interessantes aos homens. Por que nossa pesquisa indica algo diferente? "Acredito que seja devido a questões culturais", diz o Doutor King. O fato de a posição de quatro estar no topo das preferências não é surpresa. "A postura papai-e-mamãe é vista como convencional e sem graça. Talvez a mulher por cima tenha a mesma dinâmica cara a cara, mas é mais inovadora na cultura moderna. A posição da mulher por cima é mais interessante que a papai-e-mamãe, além de oferecer os mesmos sinais visuais (para os homens), mas não é aquele sexo chato que os seus pais fizeram. Essa é a minha explicação."

Sem preferências (tudo é bom)

Evidentemente, há aqueles para quem qualquer posição é boa, como indicaram 21% dos homens da nossa pesquisa:

- "Gosto de todas as posições que me permitam ir realmente fundo – as pernas dela nos meus ombros, os joelhos e pés dela no meu estômago, de quatro, uma perna para cima e outra para baixo etc.", Patrício, 40 anos, escritor.
- "Gosto de surpresas e de variações", Samuel, 46 anos, consultor de negócios.
- "Não tenho preferências, tudo depende da mulher e da maneira como nossos corpos se encaixam", David, 43 anos, administrador de sistemas.

- "Não tenho preferência por nenhuma. Tudo depende do contexto", Giovane, 64 anos, escritor.
- "Todas são boas", Jackson, 52 anos, artista gráfico.
- "Varia; às vezes, uma parece melhor que a outra", Jerônimo, 45 anos, profissional de *marketing*.
- "Gosto de todas as posições e apenas vou alternando", Bernardo, 28 anos, engenheiro.

ELE FALA

Cynthia e eu gostamos de fazer o "77", uma posição sexual que ela inventou. Basicamente, é a posição de concha, mas bem menos inocente. Você deita de lado e o seu homem atrás. Então, com a perna de cima você envolve a perna dele e o puxa enquanto ele a penetra; os dois se inclinam juntos, mudando o ângulo da penetração, de modo que o membro masculino alcance o seu ponto G. Agora você sabe por que meus amigos me invejam. Eles têm a impressão de que a vida em nossa casa é uma longa maratona sexual.

Posição do papai-e-mamãe

Somente 7% dos entrevistados da nossa pesquisa apontaram a papai-e-mamãe como a posição preferida, a maioria pelo controle que ela oferece:

- "Porque nós dois podemos nos tocar no peito", Lucas, 32 anos, estudante.
- "Essa posição oferece o melhor controle", Robson, 59 anos, cientista.
- "Posso penetrar bem fundo e tão forte quanto eu quiser! Estou no controle e gosto disso", Marcus, 47 anos, gerente geral.
- "É a posição que oferece a melhor sensação", Alex, 32 anos, gerente de operações.

Lado a lado

Alguns homens gostam de deitar de lado durante o sexo (posição em concha). "Dessa maneira posso usar as mãos, além de ser lento e confortável", revela Christian, 34 anos, engenheiro de *software*.

Outras posições

Dez por cento dos entrevistados não conseguiram escolher uma posição só ou indicaram posições alternativas como favoritas:

- "A posição papai-e-mamãe é campeã porque fisicamente é a melhor e a que oferece mais intimidade. De quatro também é boa porque há algo de depravado nela. E a vista é incrível. Lado a lado é uma ótima maneira de começar a manhã; pode ser suave e você pode acariciar várias partes do corpo da mulher com as mãos", Patrick, 41 anos, profissional de *marketing*.
- "A preferência da mulher é mais importante. Quanto maior for a sua excitação e prazer, maiores serão os meus", Ruy, 45 anos, professor.
- "A mulher por baixo, mas com as pernas nos meus ombros. Assim, você pode penetrar realmente fundo, além de ver a bunda dela", Mauro, 23 anos, empregado de restaurante e estudante.
- "O homem deitado de costas e a mulher sentada em cima, de costas para ele", Jonas, 24 anos, construtor.
- "A variedade é melhor. É chato repetir a mesma coisa", Boris, 43 anos, diretor de criação.

- "Ela de lado, eu de joelhos. É a melhor", Greg, 35 anos, engenheiro.
- "Eu faço o que ela precisa. Se ela gosta, consigo o que quero", Demian, 41 anos, executivo.

O que ele gostaria de experimentar

Quando perguntamos sobre quais posições ele gostaria de experimentar, as respostas foram bem variadas. Além disso, alguns homens disseram que não podiam pensar em uma única posição porque "experimentaram todas elas", De fato, nossos entrevistados se revelaram um grupo de cabeça aberta, vários deles confirmando os sentimentos de Mauro, 23 anos, empregado de restaurante e estudante: "Sinceramente, não consigo pensar em uma posição que eu já não tenha experimentado. Se a mulher tem alguma idéia, eu vou experimentá-la". Por sua vez, Marcus, gerente geral, 47 anos, acrescenta: "Acho que já experimentei todas: sentado, em pé, com ela em cima virada de costas, de lado, tudo. Quando olho as posições do *Kama Sutra*, há algumas que não parecem muito confortáveis, então as ignoro".

Por falar em *Kama Sutra*, alguns homens manifestaram o desejo de explorar as posições descritas por esse livro milenar ("mas precisariam ser mais flexíveis", como lamenta Jerônimo, 45 anos, profissional de *marketing*). Portanto, garotas, consigam um exemplar ainda hoje!

Vários homens mencionaram que gostariam de experimentar sexo anal. Pelo menos um homem confessou ter a fantasia de ser penetrado pela namorada com um pênis artificial.

Outros disseram que gostariam de experimentar posições em pé. "Já fiz e adorei", afirma Tony, 27 anos, assistente de produção.

Já Patrício, 40 anos, escritor, disse que fazer sexo em pé é uma das poucas posições que ele ainda não experimentou. "Já experimentei muitas posições divertidas", conclui ele.

Outros homens, ainda, manifestaram o desejo de usar melhor a mobília. T. J., músico, 42 anos, contou que ele gostaria de "sentar em uma cadeira com ela me envolvendo com as pernas", enquanto Carlos, 27 anos, estudante de pós-graduação, disse que também adoraria "sentar em uma cadeira, com ela por cima e de costas para mim".

Há aqueles que mencionaram variações das posições comuns: "Gostaria de penetrá-la por trás contra um espelho, assim, posso acariciar os seios ou o clitóris, tocar e admirar suas lindas costas femininas e, ao mesmo tempo, ainda olhar o rosto dela e ver todas as outras partes de que gosto", sonha Richard, 35 anos, professor.

Por fim, nenhuma pesquisa estaria completa sem algumas respostas bizarras (dependendo do seu ponto de vista): certos homens mencionaram que adorariam experimentar posições como "de quatro aérea", "flutuando em gravidade zero", "balançando em uma rede", "estilo carrinho de mão", "de ponta-cabeça" e "cadeiras ergonômicas". Um homem disse que queria experimentar uma posição em que "a mulher fica sobre a própria cabeça com as costas apoiadas no sofá, pernas dobradas com os pés ao lado da cabeça". (Ele não especificou se os pés dela deveriam ficar do lado da cabeça dele ou da cabeça dela.)

Tudo é uma questão de lugar

Onde os homens gostam de fazer sexo? Sem sombra de dúvida, eles preferem o quarto: 52% dos participantes de nossa pesquisa escolheram a cama como o seu lugar predileto para fazer amor. Eles citaram o conforto, a familiaridade e a conveniência como as principais razões da sua escolha: "É possível mudar de posição facilmente e os joelhos não doem",diz T. J., 42 anos, músico. O professor Ruy, 45 anos, acrescenta: "É macio, intimista e familiar". Para alguns homens, o quarto é o lugar mais romântico da casa: "Outros lugares podem ser eróticos, mas o quarto é o melhor para fazer amor", opina Jerônimo, 45 anos, profissional de *marketing*. Esse também é o pensamento de J. B., 50 anos, engenheiro de *software*, quando afirma: "Não há nada melhor do que fazer sexo com a mulher que você ama em sua própria cama". De fato, o sexo em lugares públicos não atrai muito os nossos entrevistados. "A excitação de ser flagrado no ato, para mim, é uma fonte de ansiedade", revela Roger, 39 anos, advogado.

Além disso, com a experiência e a maturidade também vem o gosto pelo conforto: Samuel, 46 anos, consultor de negócios, diz que prefere o quarto porque "sou adulto agora e acho ótimo não ter de recorrer ao carro, a motéis e por aí afora para encontrar um pouco de privacidade". Para William, 39 anos, consultor de negócios, valem as possibilidades eróticas: "Se você fizer de seu quarto um ambiente agradável e *sexy*, usando, por exemplo, velas decorativas, cores quentes e uma cama bem legal, esse será, com certeza, o melhor lugar para fazer amor.

Em segundo lugar, estão os locais ao ar livre, na natureza – 12% de nossos entrevistados disseram que gostam de fazer sexo em lugares como praia, acampamento ou floresta. "Qualquer lugar ao ar livre é *sexy*", afirma David, 43 anos, administrador de sistemas, enquanto Jackson, 52 anos, artista gráfico, diz que "as minhas experiências mais eróticas aconteceram ao ar livre".

Qual lugar é mais propício ao romantismo do que aquele onde a cama *é* o foco principal? Outros 11% dos participantes de nossa pesquisa escolheram os motéis ou, ainda, os hotéis como o melhor lugar para o romance. "Você pode fazer o barulho e a bagunça que quiser", acredita Mauro, 23 anos, empregado de restaurante e estudante. "Se você estiver de férias, hospedado em um hotel, por exemplo, não existe nenhuma limitação de tempo. Você tem uma cama e um chuveiro à sua disposição."

Se você estiver em casa, mas cansada do quarto, uma alternativa é fazer sexo na sala, mencionado por 3% dos entrevistados. Aproveite as vantagens eróticas desse lugar, como as indicadas por Roberto, 45 anos, consultor independente: "Você pode acender algumas velas e a lareira, e assistir a um filme pornô em sua televisão de 57 polegadas; existem muitos lugares para ela se apoiar, sem contar que ela ainda pode dançar para mim". Contudo, Silas, 36 anos, programador de *software*, diz: "Penso que, muitas vezes, esse é simplesmente o lugar onde estamos quando ficamos excitados, e a minha experiência sempre foi muito boa".

E o que dizer daqueles que responderam "Outros" quando perguntamos sobre o seu local favorito para transar? Muitos compartilham a opinião do músico Cláudio, 34 anos, para quem "qualquer lugar é bom – sou homem!". Para eles, a espontaneidade é o aspecto mais importante na hora do sexo. "Não gosto de transar sempre no mesmo lugar e, considerando que a surpresa e a espontaneidade são *sexy*, gosto de variar o local", conta Richard, 35 anos, professor.

Os homens até podem ter seus lugares preferidos, mas onde realmente eles já transaram? Evidentemente, o local mais comum é o quarto (todo participante da nossa pesquisa já fez sexo ali), seguido pelo banheiro (incluindo a banheira e o chuveiro), motel e sala de estar. Os menos populares entre os nossos entrevistados foram os lugares públicos, o escritório e a lavanderia (aparentemente, as vibrações da máquina de lavar não agradam aos homens).

Outros lugares em que os homens fizeram amor incluíram: a cozinha, o banheiro de uma boate, de um avião, uma sala de aula vazia, um *drive-in*, um "congestionamento de trânsito", um *closet*, na chuva, um ônibus de viagem, um barco e até – puxa – uma igreja! (Imagine o sermão!)

Expresse-se!

Já dissemos isso antes e vamos dizer mais uma vez: os homens *gostam* de ouvir os sons do seu prazer. A maioria dos entrevistados afirmou que deseja ouvir você gemer e murmurar quando estiver na cama com eles. Eles também querem receber todas as orientações possíveis: *querem* que você lhes diga do que gosta. "Ouvir os seus gemidos é maravilhoso, mas receber suas orientações também é muito bom", diz Richard, 35 anos, professor. (Por favor, observe que *nem um* homem sequer, em nossa pesquisa, disse que gostaria que você permanecesse em completo silêncio, embora alguns achem incrivelmente sensual quando você tenta ficar quieta, mas não consegue.)

E por falar em orientação, qual é a melhor maneira de mostrar a um homem o que você quer na cama? A vasta maioria – 70% – gosta quando você combina dicas verbais ("Um pouco para a direita... isso, assim... aí! Oh, meu Deus, aí mesmo!") com gestos, sons e gemidos, enquanto ele está tentando fazer você ir à loucura de tanto prazer.

A verdade sobre os orgasmos

Muitas mulheres – talvez a maioria – pensam que seria melhor fingir um orgasmo, pois, do contrário, os homens se sentiriam um fracasso ou as culpariam, chegando até a romperem o relacionamento. Bem, caras senhoras, eis aqui uma boa notícia: os homens, sinceramente, querem que vocês lhes digam se estão longe de ter um orgasmo. Entre os participantes da nossa pesquisa, 98% pedem que vocês digam a verdade para que eles possam tentar agradá-las melhor. Isso não é um alívio? Somente 2% disseram que esse não é um grande problema. Lembre-se apenas da importância de uma boa comunicação, e deixe bem claro quando você tem prazer.

Não finja um orgasmo

Se você perceber que não conseguirá alcançar o clímax, não finja: 82% dos homens que entrevistamos disseram que nunca é bom fingir um orgasmo, porque eles não querem pensar que você gosta de coisas das quais, na verdade, não gosta. Uma vez que acreditam no que estão sentindo e demonstrando, será mais difícil para você parar no meio do ato e exclamar: "A propósito, isso nunca funcionou para mim".

Entretanto, é interessante observar que pouco mais da *metade* dos homens em nossa pesquisa disse que já fingiu um orgasmo. (Mas como é possível a mulher não perceber?) As razões para terem feito tal coisa nos parecem familiares: estavam cansados, chateados, bêbados ou se sentiram pressionados e quiseram pôr um ponto final no encontro, sem magoar suas parceiras. Veja alguns dos comentários masculinos a respeito:

- "Realmente não 'finjo' orgasmos, mas às vezes sei que não vou ejacular (em geral, porque já gozei muitas vezes ou simplesmente porque estou exausto). Assim, apenas aproveito a sensação, dou meus gemidos usuais de prazer e pronto", Patrício, 40 anos, escritor.

- "Eu sabia que não iria acontecer, mas não quis simplesmente desistir", Mauro, 23 anos, empregado de restaurante e estudante.
- "Às vezes, é normal o homem levar um tempo para gozar ou sentir que não terá um orgasmo por qualquer razão. Com isso, a mulher pode se ofender, sentindo-se responsável pelo fato de seu parceiro não ter alcançado o clímax. Então, o uso da camisinha pode ser uma ótima opção para evitar o constrangimento. Odeio quando a mulher finge o orgasmo, mesmo assim, não me sinto um hipócrita, porque esse tipo de situação dificilmente acontece e quase sempre me sinto satisfeito com a relação", Nelson, 31 anos, cientista.
- "A mulher era muito ruim de cama. Eu tinha de fazer tudo sozinho e fui cansando, por isso fingi", Bruce, 31 anos, analista financeiro.
- "Ela parecia me querer muito, mas eu estava muito cansado", T. J., 42 anos, músico.
- "Como não estava gostando do momento, fingi para acabar logo com aquilo", Samuel, 52 anos, músico.
- "Eu estava exausto para continuar. Isso aconteceu só duas vezes em minha vida. Uma foi quando eu já havia gozado duas vezes e achei que a terceira não valia o esforço. A segunda vez foi após uma cirurgia, ainda sob o efeito da anestesia. A garota com quem eu estava não iria compreender e eu não queria explicar", Roger, 39 anos, advogado.
- "Eu estava bêbado demais e muito cansado para realmente gozar; eu estava tentando havia horas e só queria que tudo terminasse logo", Paulo, 29 anos, estudante de pós-graduação.

- "Foi durante uma maratona sexual e eu já não podia mais... e ela insistia, e eu não queria explicar nada nem que ela ficasse magoada", Roberto, 45 anos, consultor independente.
- "Durante o sexo por telefone, eu estava mais interessado que ela gostasse", Natan, 48 anos, advogado aposentado.
- "Eu gozei muito rápido e fingi que não tinha gozado", Bruno, 29 anos, diretor de filmes.
- "Pensei que iria gozar, mas não gozei. Assim, me senti menos idiota fingindo que havia gozado", Silas, 36 anos, programador de *software*.

No entanto, quase o mesmo número de homens não vê sentido em fingir um orgasmo. "Por que eu deveria?", pergunta Cleiton, 31 anos, agente de controle de animais. Anderson, eletricista, 45 anos, também pergunta: "Você sabe que sou homem, certo? Nós sempre gozamos".

Além disso, muitos homens disseram que não deixam de gostar de sexo mesmo se não atingirem o clímax. "Nem sempre preciso chegar ao orgasmo", revela Boris, 43 anos, diretor de criação. "Se não acontecer, tudo bem. O sexo ainda será prazeroso."

Outros tantos acreditam que a honestidade é a melhor política, porque, a longo prazo, ela resultará em um sexo melhor. "A honestidade leva à comunicação e ao melhor desempenho nas próximas vezes", afirma Samuel, 46 anos, consultor de negócios.

Orgasmos múltiplos: verdade ou mentira

Existe um aspecto no sexo no qual as mulheres têm muita sorte: somos capazes, teoricamente, de ter múltiplos orgasmos (definidos como dois ou mais orgasmos separados por poucos segundos ou minutos, sem diminuir a excitação) ou orgasmos em seqüência (definidos como uma série de picos de prazer que ocorrem a cada dez minutos de intervalo). A razão? O fluxo sangüíneo nos órgãos genitais de uma mulher é abundante e concentrado. Nos órgãos sexuais masculinos, o fluxo do sangue rapidamente escoa do pênis para uma rede de veias. É por isso que seu homem, depois de ter um orgasmo, precisa de alguns minutos (ou mais) para se "recuperar" e conseguir outra ereção.

O que vem a seguir *não* deve servir de medida para você, mas 85% dos participantes de nossa pesquisa afirmam ter testemunhado suas mulheres tendo orgasmos múltiplos. (Claro, 11% disseram não ter certeza.) Por favor, observe que *não* perguntamos a eles como sabiam que suas parceiras haviam tido orgasmos múltiplos, nem se foi uma coisa boa ou não.

Lembre-se de que sexo deve proporcionar prazer, não meramente levar a determinado objetivo. Entretanto, se você quiser experimentar a sua capacidade de ter múltiplos orgasmos, basta continuar a se estimular após atingir o primeiro clímax. Talvez seja necessário passar a estimular a área circunvizinha ao clitóris, pois o seu pequeno broto do amor pode ficar muito sensível devido à fricção contínua e direta. Talvez você se sinta estimulada em excesso, mas essa sensação pode se transformar em outra sessão de puro prazer. Com o seu parceiro, você também pode variar o tipo de estimulação. Por exemplo, mude da posição papai-e-mamãe para ficar em cima dele, ou peça a ele que alterne a penetração com a estimulação do clitóris.

Os homens são capazes de experimentar orgasmos múltiplos? De acordo com a nossa pesquisa, muitos alegaram que sim, embora a maioria – 53% dos entrevistados – jamais tenha atingido tais alturas.

Observação importante: em nossa pesquisa não perguntamos *como* eles alcançaram os orgasmos múltiplos. Suspeitamos que muitos de nossos participantes definiram "orgasmos múltiplos" como a capacidade de ter outra ereção o mais rapidamente possível após ejacularem e, então, alcançar um novo clímax. De fato, os orgasmos múltiplos masculinos, em geral, são descritos como a capacidade de ter orgasmos múltiplos – sem ejacular ou perder a ereção – até um clímax final.

Acreditamos que eles possam ter experimentado um clímax mais intenso e prolongado e não propriamente um orgasmo múltiplo. De qualquer forma, é uma sensação que vale a pena. Quer tentar? Uma das maneiras é excitá-lo o máximo possível, por meio de sexo oral, estimulação manual ou controlando seus movimentos durante o intercurso vaginal, e, então, parar por pelo menos dez segundos. Em seguida, recomece. Porém, não pare mais do que três ou quatro vezes, senão ele não conseguirá gozar mais.

Exercícios sexuais

Falando em orgasmos (verdadeiros, e não fingidos), eis aqui uma maneira de melhorá-los: faça os exercícios de Kegel. Como muitos homens já sabem, esse é um movimento que acontece quando você contrai os músculos pubococcígeos (PC), que ligam o osso pubiano ao cóccix e sustentam a região em volta dos órgãos genitais. (São os músculos usados para controlar o fluxo da urina.) Você pode encontrá-los colocando um dedo dentro da vagina e apertando-o com ela. Para fortalecer essa musculatura, basta contraí-la por alguns segundos e soltá-la e, em seguida, repita o exercício. Isso é Kegel!

Criados pelo ginecologista americano Arnold Kegel, os exercícios oferecem uma série de benefícios sexuais. Eles aumentam o fluxo sangüíneo na região, melhorando dessa maneira o desempenho sexual, esteja você sozinha ou com o seu parceiro. De fato, 67% dos homens que responderam à nossa pesquisa afirmaram que os exercícios de Kegel melhoram a vida sexual. (Infelizmente, quase um terço – 29% – não conhecia esses exercícios, mas isso não quer dizer que você não deve fazê-los.)

Músculos pubococcígeos bem tonificados também melhoram as sensações clitorianas e a lubrificação vaginal, produzem orgasmos mais intensos e fortes e ajudam as mulheres a recuperar os músculos do assoalho pélvico após o parto. Os exercícios de Kegel podem até mesmo ajudá-la a alcançar orgasmos múltiplos. Os homens também podem fazer esses exercícios; nesse caso, eles conseguirão ereções mais fáceis e mais rígidas e maior controle sobre o pênis.

O anticlímax

Discutimos muito a respeito das coisas que excitam os homens. Porém, quando se trata especificamente do ato sexual, o que os faz perder o entusiasmo? Para os participantes de nossa pesquisa, a resposta é bem clara: uma parceira insensível e indiferente sempre os faz broxar.

Falta de interesse

Se você realmente quiser jogar um balde de água *fria* em seu homem, faça o seguinte: finja tédio. Mantenha-se passiva. Demonstre falta de vontade. Pois não há nada pior para apagar o ardor de um homem do que a falta de interesse. “O sexo por obrigação ou sem entusiasmo é muito ruim e não vale a pena", afirma William, 39 anos, consultor de negócios. Por sua vez, T. J., 42 anos, músico, acrescenta: "O desinteresse da parte dela é um poderoso desestimulante. Eu só quero sexo se ela também quiser. É claro que eu gostaria que ela quisesse transar toda noite, mas sou realista".

Portanto, se você está gostando, mostre isso para ele. Caso contrário, ele poderá interpretar o seu silêncio como desinteresse. "O que me tira o tesão é uma combinação de silêncio (pois adoro quando ouço os gemidos de prazer dela) e passividade!", exclama Patrício, escritor, 40 anos.

Observação: os homens querem sentir que existe uma conexão emocional tanto quanto você. "Fico mal quando uma mulher está em uma transa sem envolvimento emocional", afirma Boris, 43 anos, diretor de criação. "Ou quando existe falta de interesse espontâneo e também de desejo." Marcus, gerente de 47 anos, comenta: "Se me sinto usado, como se ela não estivesse interessada em mim, mas só no sexo, esse sim é um grande balde de água fria".

Uma atitude do tipo "vamos acabar logo com isso" também desestimula qualquer homem. "Não gosto de me apressar", conta Bernardo, 28 anos, engenheiro. "Gosto de experimentar coisas diferentes e investir algum tempo para descobrir coisas novas, tudo para ter prazer."

Outros homens ainda mencionaram como poderosos desestimulantes sexuais: "mulheres que têm inibições ou sentimento de culpa em relação ao sexo"; "mulheres que não participam da relação sexual ou ficam inertes"; "garotas que mentem e não têm personalidade"; "sexo sem paixão"; "quando minha parceira parece não estar presente"; e "quando ela me ignora, mergulhando em uma total introspecção".

Falta de higiene

Uma higiene pessoal sofrível foi o segundo ladrão de tesão mais citado em nossa pesquisa. Os homens apontaram sobretudo os pêlos, transpiração malcheirosa, mau hálito e falta de cuidados pessoais em geral. Não é necessário nenhum banho de perfume, mas evite comer alho e tome um bom banho antes de um grande encontro.

Tudo o que pode distrair

Outro desestimulante sexual apontado por vários homens foi qualquer distração que possa tirar a atenção de vocês dois do que estão fazendo. "Durante a relação sexual, nada deve nos interromper (exceto uma emergência, é claro)", pede Mauro, 23 anos, empregado de restaurante e estudante. "Ignore o telefone, esqueça a vergonha e o pudor, não olhe para o relógio." Por sua vez, Cleiton, agente de controle de animais, 31 anos, afirma que "a possibilidade de ela estar com o pensamento longe, demonstrando falta de interesse em nós dois" é o bastante para acabar com sua excitação.

Outras distrações incluíram até o ambiente que você criou para o romance. "Se estamos já envolvidos na relação, não há muita coisa que possa me tirar o desejo", diz Silas, 36 anos, programador de *software*. "Entretanto, o ambiente influi. Posso ficar com muito calor debaixo de cobertores que ela pensa que são apenas aconchegantes."

Outra grande distração? "Assuntos profissionais", revela Alex, gerente de operações, 32 anos. Portanto, assim que tirar a roupa, deixe o escritório de lado, a menos que esteja transando sobre sua mesa de trabalho.

O que sai da sua boca

Embora a maior parte dos homens em nossa pesquisa queira ouvi-la expressar todo o seu prazer, eles preferem que os seus comentários (e ruídos) sejam construtivos. "Não gosto da obsessão com o orgasmo simultâneo, principalmente se for verbalizada (por exemplo, 'Vamos gozar juntos')", diz Roger, 39 anos, advogado. "Isso gera muita pressão." Já David, 43 anos, administrador de sistemas, menciona as mulheres que "criticam em vez de orientar", enquanto George, 50 anos, advogado, não gosta de "muita conversa e exigências".

Outros homens, como Natan, 48 anos, advogado aposentado, e Silvio, 29 anos, estudante de pós-graduação, acham "palavrões e conversa chula" verdadeiros baldes de água fria.

ELE FALA / ELA FALA

Nima fala: Sou solidário com aqueles que têm filhos, ainda mais agora que temos os nossos. Amamos nossos filhos, mas eles podem ser distrações terríveis na melhor das hipóteses e, na pior, verdadeiros assassinos da nossa vida sexual. Não existe uma solução fácil, mas sugerimos reservar um tempo para o sexo. Sei que isso pode soar muito regrado, mas reservar um tempo para o casal (como saídas noturnas) pode de fato ser incrivelmente relaxante e prazeroso. Além da "esticadinha", é claro!

Cynthia responde: Uma amiga minha sugere contratar uma babá ou pedir a um parente para sair com as crianças (por exemplo, dormir na casa da vovó), para vocês ficarem em casa (na cama). Isso me parece uma ótima idéia!

Outras pedras no caminho

Outros ladrões da paixão sexual citados em nossa pesquisa incluíram:

Desconfortos (de todo tipo)

- "Estar numa posição desconfortável ou esquisita", Daniel, 38 anos, corretor de imóveis.
- "Medo de me envolver em algum tipo de problema depois", Lucas, 32 anos, estudante.

ELE FALA

"Vamos gozar juntos" parece uma dessas afirmações ridículas e sem sentido como "aprenda a controlar o seu sistema nervoso autônomo". Relaxe e apenas aproveite seus orgasmos. Não pressione a si mesma e ao seu companheiro para alcançar o clímax simultaneamente.

Auto-estima baixa

- "Falta de autoconfiança", Tom, 31 anos, advogado.
- "Falta de presença", Jorge, 48 anos, consultor de *marketing*.
- "Uma mulher que não é sensual, que não se sente bem consigo mesma", Tiago, 44 anos, gerente de logística.

Falta de criatividade

- "Falta de imaginação", Oliver, 42 anos, educador.
- "Fazer sempre sexo na cama", Breno, 40 anos, arquiteto.

Descompasso

- "Se gozo antes dela", Carlos, 27 anos, estudante de pós-graduação.

E é claro...

- "Outras pessoas por perto", Peterson, 42 anos, representante de vendas.
- "Uma péssima personalidade fora da cama", Demian, 41 anos, executivo.
- "Ela levantar para ir ao banheiro assim que acabamos de fazer sexo", Renan, 27 anos, estudante de pós-graduação.

De corpo e alma

Contudo, há homens que irão perseverar diante de qualquer obstáculo. "Nada jamais me tirou o desejo", relata Benjamin, 37 anos, empresário. Também Walter, 27 anos, gerente de *marketing*, pergunta: "Que tipo de coisa me desestimula? Não consigo pensar em nenhuma".

Além disso, há aqueles como Denis, 40 anos, analista, para quem "não fazer bastante sexo" é o seu verdadeiro anticlímax. "Faça muito sexo, sempre", aconselha ele.

Isso nos leva de volta ao ponto principal, indicado por nossos entrevistados. Quando o assunto é o ato sexual, o seu maior recurso não é um corpo bonito, nem uma posição fantástica, nem as melhores frases. O seu maior trunfo é o verdadeiro entusiasmo para fazer amor com o seu companheiro!

Capítulo Sete

"O mundo fica completamente diferente depois do sexo."

Sérgio, 27 anos, estudante

Após o ato

Até aqui, discutimos o que acontece antes e durante uma relação sexual. Porém, o que acontece depois de uma transa? Nossa pesquisa revelou algumas surpresas sobre os momentos pós-coito, à medida que os homens explicaram do que eles gostariam que as mulheres soubessem sobre carinhos, do que gostam na manhã seguinte, por que eles dormem depois do sexo e o que os faz fugir de você.

O período pós-coito: do que os homens gostariam que as mulheres soubessem

Se um homem tivesse de escolher apenas *uma* coisa de que ele gostaria que sua companheira soubesse a respeito de seu estado depois do sexo, qual seria ela? Em primeiro lugar, se ele estiver repousando com os olhos semicerrados e um sorriso nos lábios, pelo amor de Deus, *deixe-o assim*. Eis por quê:

DICA nº 1:

Ele está em estado de êxtase.

A palavra freqüentemente mais usada pelos homens para descrever o seu estado depois do sexo foi "êxtase". Como podemos ver em "Eu só quero curtir meu estado de êxtase" (Selton, 27 anos, estudante e garçom) e em "Fico em êxtase e, em geral, um pouco anestesiado" (Patrício, 40 anos, escritor). Isso é muito bom, senhoras.

De fato, se parecer que ele seria incapaz de balbuciar uma frase sequer para salvar a própria vida, sinta-se lisonjeada. "Em geral, não tenho controle absoluto sobre a minha mente depois de fazer sexo", esclarece Jerônimo, 45 anos, profissional de *marketing*. "Minha mente não é politicamente correta após uma transa", revela Tony, 27 anos, assistente de produção. Por sua vez, Natan, 48 anos, advogado aposentado, resume: "Meu estado de quê?".

Não estrague esse momento de total felicidade e satisfação apressando-se em sair do quarto. "Relaxe", pede William, 39 anos, consultor de negócios. "Não se levante imediatamente para fazer xixi. Gosto de sentir a sensualidade, o aroma e o desejo do que acabou de acontecer." Alguns homens descreveram o período pós-coito como muito importante, considerando o valor religioso: "É sagrado", afirma Jorge, 48 anos, consultor de *marketing*. Por fim,

Sérgio, 27 anos, estudante, define: "O mundo fica completamente diferente depois do sexo".

> **ELE FALA**
> O êxtase pós-coito nos deixa esgotados, seja física, emocional ou sexualmente. O cochilo após a relação sexual é a melhor sensação que existe depois do próprio sexo.

Não fique ofendida ou magoada se o seu homem estiver a ponto de cair no sono ou se ele dormir de fato (falaremos mais sobre esse assunto adiante). Uma outra palavra também bastante usada pelos homens para descrever o seu estado depois do sexo foi "relaxado".

> **DICA nº 2:**
> **Ele se sente completa e realmente relaxado.**

"Relaxamento e sonolência não são reações ruins em relação a você", esclarece T. J., 42 anos, músico. "É justamente o oposto. Quanto maior o orgasmo, maior será o tempo de recuperação." Para homens estressados, esses momentos depois do sexo são preciosos. "*Finalmente* me sinto relaxado", exclama Benjamin, 37 anos, empresário. Por sua vez, Tom, 31 anos, advogado, afirma: "Só penso em relaxar. Talvez, tirar uma soneca".

Os participantes da nossa pesquisa adorariam se você descansasse ao lado deles depois de fazer amor. Essa não é a hora de verificar sua agenda, por exemplo. "Vamos relaxar agora, por favor?!", implora Tiago, 44 anos, gerente de logística. Peter, enfermeiro de 58 anos, vai direto ao ponto: "Relaxe e aproveite o momento pós-sexo".

> **DICA nº 3:**
> **Ele gosta de abraços e carinhos (de verdade).**

Vamos entender uma coisa: depois do sexo, "os homens também gostam de abraçar e fazer carinhos", como atesta Patrick, 41 anos, profissional de *marketing*. De fato, quando lhes perguntamos se gostam de carinhos após o sexo, 56% dos participantes responderam com um sonoro "É claro que sim!". É Demian, 41 anos, executivo, quem diz: "Ninguém quer parar se estiver bom de verdade". Apesar disso, somente 5% afirmaram que não querem ser incomodados.

Para outros 39%, tudo depende da situação. Alguns homens simplesmente estão esgotados depois de uma relação sexual. "Queremos relaxar e também fazer carinhos, mas estamos tão inebriados e cansados (por isso, não é um mau sinal se nos sentimos sonolentos)", explica Christian, 34 anos, engenheiro de *software*. Entretanto "Não precisamos ficar muito tempo deitados, abraçadinhos, em posição de concha", reconhece o educador Oliver, 42 anos. "Algumas vezes, pode ser algo mais rápido, acompanhado de um obrigado, querida."

Se você tiver a sorte de encontrar um homem que gosta de curtir o momento depois do sexo calmamente, faça algo mais do que simplesmente ficar deitada ao lado dele. "Posso não ter terminado e querer curtir um pouco mais", revela Bruno, 29 anos, diretor de filmes. Isso inclui "silêncio, abraços ternos, beijos carinhosos", como gosta Cleiton, 31 anos, agente de controle de animais, ou "afagos no peito *muiiiito* suavemente", como prefere Cláudio, 34 anos, músico. "Isso me provoca uma sensação que não consigo descrever. Só sei que me faz vibrar como se fosse um toque genital."

DICA nº 4:
Deixe aquela conversa sobre o relacionamento para outra hora.

Sim, você acaba de ter uma relação física bastante íntima com o seu homem. Infelizmente, isso não significa que ele ficará *emocionalmente* íntimo de você. Vários homens em nossa pesquisa pensam como Silvio, 29 anos, estudante de pós-graduação: "Esse não é o momento de conversar sobre a relação". Anderson, 45 anos, eletricista, foi ainda mais enfático: "Por favor, não fale!".

> **ELE FALA**
> Psiu!, não fale nada. É hora do sossego. Por favor, não queira dizer alguma coisa só para preencher o silêncio. Abrace-me e sinta o prazer e o êxtase de estarmos juntos, nus, na cama. Quero apenas curtir o momento de relaxamento em paz.

Entretanto, isso *não* quer dizer que ele não se *sinta* íntimo. É possível que ele goste de estar com você. Ele só não deseja analisar a situação verbalmente. "Não é uma hora muito propícia para conversas. E isso não significa que não me sinto próximo de você", afirma Silas, 36 anos, programador de *software*. "Apenas relaxe ao meu lado e admire a lua pela janela...". Marcus, 47 anos, gerente geral, concorda: "Os homens querem apenas dar um abraço ou dormir depois do sexo, não conversar".

Em contrapartida, sinta-se à vontade para expressar o seu prazer em relação ao que acabou de acontecer. "É importante dizer se você gostou da experiência", aconselha Ruy, 45 anos, professor.

Deixe que o seu homem se recupere após uma relação sexual. Na verdade, "depois de um orgasmo, o pênis fica muito sensível e o melhor é não tocá-lo", explica Mauro, 23 anos, empregado de restaurante e estudante. "Se a relação prosseguir, o homem estará pronto novamente depois de um pequeno intervalo. Caso contrário, poderá se machucar."

> **DICA nº 5:**
> **Ele pode precisar de um momento antes de retomar o controle.**

Agora já você já sabe: dê a ele o tempo que for necessário. "Levo um certo tempo para recarregar minhas energias", diz Samuel, 52, músico. Mentalmente, ele pode ficar ansioso para começar uma nova rodada. Contudo, o seu corpo pode não estar pronto para responder imediatamente. "Eu *quero* começar de novo", diz Xavier, 40 anos, engenheiro. "Infelizmente, não acontecerá por mais uma hora." Alguns homens conseguem retomar mais rápido do que outros. "Preciso de apenas uns dez minutos", afirma Bernardo, 28, engenheiro.

> **ELE FALA**
> O pênis não foi bem planejado. O sangue de que precisamos tem de vir de algum lugar (em geral, do cérebro) e, depois do orgasmo, ele retorna ao lugar de origem rapidamente. Quando isso acontece, percebemos que há uma linda mulher nua ao nosso lado e, então, o sangue novamente volta ao pênis. Todo esse processo leva algum tempo, por isso, relaxe e aproveite.

Mais uma vez, isso não significa que toda atividade tem de cessar. "Em primeiro lugar, o meu orgasmo não precisa ser o ponto final da relação", comenta Nelson, 31 anos, cientista. "Existem outras coisas que posso fazer para agradar uma mulher até conseguir uma nova ereção. E mesmo se eu cair no sono, gosto de estar com ela."

Porém, nem todos dormem depois do sexo. "Dê um tempo e, em seguida, volte à ação", aconselha Rafael, 34 anos, estudante de pós-graduação. Ou siga o conselho de J. B., 50 anos, engenheiro de *software*: "Uma vez nunca é o suficiente, então aproveite esse intervalo para encostar a cabeça no meu ombro, suspirar e ver o que acontece".

Como mencionamos anteriormente, cerca de 5% dos homens que participaram da pesquisa disseram que preferem ficar sozinhos depois do sexo. "Deixe-me sozinho e vamos dormir", pede Bruce,

31 anos, analista financeiro. "Deixe-me descansar em paz", implora Peterson, representante de vendas de 42 anos. Por sua vez, Jonas, 24 anos, construtor, afirma: "Ou você me deixa sozinho ou me dá uma chupada para fazermos tudo de novo".

DICA nº 6: Ele pode querer ficar sozinho (mas não tome isso como pessoal).

Não fique aborrecida nem magoada se o seu homem quiser se abrigar sozinho em sua "caverna pós-sexo". "Algumas vezes, só quero ir embora", explica Mateus, 46 anos, ativista político. "Isso não quer dizer que estou rejeitando você."

Vários homens em nossa pesquisa afirmaram que ficam aborrecidos quando a mulher pula da cama após o sexo. "Não vá direto para o banheiro", pede Renan, 27 anos, estudante de pós-graduação.

DICA nº 7: É bom ficar na cama depois do sexo.

Contudo, outros se mostraram mais meticulosos. "Gostamos de nos lavar antes de dormir ou de continuar", revela Alex, 32 anos, gerente de operações. E isso vale para você também. "Vá se limpar!", diz Greg, 35 anos, engenheiro.

DICA nº 8: Não há como dizer como ele se sentirá.

Por fim, existem homens cujo comportamento depois do sexo não se encaixa em nenhuma outra categoria:

- "Lembre-se: quando terminamos, em geral, terminamos mesmo e estamos prontos para outra", Jonathan, 59 anos, consultor.
- "Depende da mulher. Algumas são bem calmas; outras mal relaxam e já querem partir pra outra", Boris, 43 anos, diretor de criação.

- "É *realmente* diferente para os homens e não conseguimos controlar isso, pelo menos a parte física", Jackson, 52 anos, artista gráfico.
- "Quero comida chinesa!!!", Breno, 40 anos, arquiteto.

Dormir ou não dormir, eis a questão

Muitas vezes, as mulheres reclamam quando os homens caem no sono imediatamente depois do sexo. (Embora, sejamos honestas, senhoras: nós também às vezes.) Realmente, não há motivo para aborrecimentos. O seu homem está em um ótimo lugar e cada molécula em seu corpo lhe diz que é hora de dormir. "Nosso corpo nos dá uma poderosa pílula bioquímica para dormir. Acrescente-se a isso a fadiga, então só nos resta descansar", explica Richard, 35 anos, professor. "Depois de gozar, sobretudo se tiverem sido várias vezes, durmo logo", declara Alison, 35 anos, produtor de filmes.

Muitos homens sentem que dormir pode não ser a coisa mais educada para se fazer naquele momento, mas simplesmente não conseguem evitar. Como o escritor Patrício diz: "Tento não me virar e dormir, mas o sono é invencível".

Veja algumas razões para isso acontecer com o seu homem após uma relação sexual:

O sexo é extenuante (além disso, é tarde)

O ato sexual propriamente dito, assim como as preliminares, exigem muito do homem. Ele pode cair no sono logo em seguida, completamente exausto:

- "Acabei de rolar 45 minutos na cama fazendo todo tipo de coisa e isso consumiu toda a minha bateria", Mário, 34 anos, gerente de tecnologia.

> **ELE FALA**
> Admito, o melhor sono é aquele que ocorre nos primeiros trinta minutos após o sexo. Não use isso contra nós.

- "Estou supercansado, pois trabalhei muito duro. O sexo não é um ato passivo para mim. Gosto de fazê-lo bem ativo, divertido e movimentado", Bernardo, 28 anos, engenheiro.
- "Podemos estar verdadeiramente cansados, e não fingindo", Samuel, 46 anos, consultor de negócios.
- "O sexo é capaz de sugar toda a energia de um homem", Saulo, 52 anos, músico.
- "Uma relação sexual me exige demais e fico muito cansado, além disso, já trabalhei o dia inteiro", Carlos, 27 anos, estudante de pós-graduação.
- "1) Estamos na cama. 2) Após a descarga de energia que ocorre no sexo, ficamos bem cansados. 3) O prazer que vem depois me dá uma espécie de euforia sonhadora", Mauro, 23 anos, empregado de restaurante e estudante.
- "Duas teorias: 1) Estou cansado! 2) Alguns homens solteiros têm o hábito de se masturbar antes de ir dormir, logo, ficaram condicionados", Nelson, 31 anos, cientista.

Mais de um homem se referiu ao sexo como "trabalho duro" (o que nos faz perguntar como eles lidariam com a gravidez e o parto). "Em geral, somos nós que fazemos todo o trabalho", diz Paulo, 29 anos, estudante de pós-graduação. "É uma sessão longa e exaustiva."

Além disso, evidentemente, existe o simples fato de que os homens dormem depois do sexo "porque é tarde", como lembra Jonas, 24 anos, construtor. Por sua vez, P. B., 51 anos, *headhunter*, acrescenta: "Muitas vezes, quando terminamos já é bem tarde da noite e estamos cansados. Poderíamos ter ido dormir mais cedo, mas esperamos para fazer sexo". Combine o avançado da hora, muita atividade extenuante e uma cama confortável e você terá um homem em sono profundo. "Sempre durmo", admite Bruno, 29 anos, diretor de filmes. "Em geral, já estou cansado à noite. Após gastar toda aquela energia, estou pronto para 'cair nos braços de Morfeu'."

O sexo é consumição

Outra explicação relacionada a "Durmo porque o sexo é extenuante" é a que afirma que o sexo é uma total "consumição", como disseram vários dos nossos entrevistados. "Ele consome toda a nossa energia", alega Jerônimo, 45 anos. "É uma experiência que me consome demais, literalmente." Por sua vez, Christian, 34 anos, dramatiza: "Perdemos muito sangue para a cabeça, além de fazermos muito exercício físico numa relação".

O sexo é relaxante

Não importa a hora nem o esforço despendido, a maioria dos homens admite que adormecem após o sexo porque se sentem extremamente relaxados:

- "Estou em um estado de relaxamento maravilhoso e simplesmente adormeço", William, 39 anos, consultor de negócios.

- "Algumas vezes me sinto extremamente relaxado depois de uma boa relação sexual com a mulher certa", George, 50 anos, advogado.
- "Ficar excitado suprime a necessidade de sono. Quando a excitação passa, o sono ocupa o seu lugar. Além disso, o sexo é profundamente relaxante e induz ao sono; a natureza nos fez dessa maneira", Samuel, 46 anos, consultor de negócios.
- "Estou completamente saciado e relaxado, por isso, durmo com facilidade", Jonathan, 59 anos, consultor.
- "É uma coisa natural e estamos bem relaxados. É perfeito", Marcus, 47 anos, gerente geral.
- "Durante o orgasmo, deixo tudo se dissipar, o que alivia pressões e me leva a relaxar. Esse relaxamento sereno parece me conduzir naturalmente para o sono", J. B., 50 anos, engenheiro de *software*.
- "Eu me sinto tão relaxado depois do clímax, que só consigo dormir", Walter, 27 anos, gerente de *marketing*.
- "É tamanha a descarga de energia que um entorpecimento quase sempre acontece. É também uma maneira relaxante de adormecer", Boris, 43 anos, diretor de criação.

O sexo satisfaz

Outra razão é a simples "sensação de realização", como descreve Lucas, 32 anos, estudante. "Se a relação sexual foi boa, às vezes, os dois ficam tão satisfeitos que apenas adormecem na terra do amor", explica o enfermeiro Peter, 58 anos. "Pode ser um problema se um dos parceiros não fica assim tão satisfeito."

Agora, é a vez da ciência

Para alguns homens, como Xavier, o sono após o sexo é um fato "natural". Richard, 35 anos, professor, dá uma explicação mais detalhada: "Além de estarmos simplesmente exaustos devido ao vigor da atividade, com o orgasmo, as gônadas emitem um sinal para o cérebro que libera substâncias químicas indutoras do sono, o que produz uma sensação de euforia e de vinculação".

Ou, como resume Natan, 48 anos: "Alívio, exaustão, bioquímica".

Mais uma dose, por favor

Se você acrescentar duas doses de bebida a essa mistura, aumentarão as chances de o seu homem dormir assim que o sexo terminar. "Caí no sono *durante* o sexo", confessa Rubens, 36 anos, vendedor. "Em geral, é porque estou bêbado ou de ressaca."

> **ELE FALA**
> Já pegou no sono durante uma massagem? Sim, o sono pós-sexo se parece com isso, às vezes. Você pode não querer, e até pensar que é um pouco indelicado, mas oh, como é bom!

Mais uma vez, dormir é bom

Como afirma Bruce, analista financeiro, 31 anos, "dormir é quase tão bom quanto fazer sexo novamente".

Quer afugentá-lo depois? Eis o que você deve fazer.

É possível estragar os momentos de puro êxtase do seu homem. Veja como.

Falar pelos cotovelos

Após uma deliciosa sessão amorosa, resista à tentação de quebrar o silêncio. De acordo com os nossos entrevistados, um dos aspectos mais desestimuladores que podem ocorrer no pós-sexo é "falar demais". Entre os assuntos considerados proibidos por eles estão o seu trabalho, os seus ex-amantes e as ex-amantes *dele*. "Não me pergunte com quantas mulheres eu já dormi", pede Bruno, diretor de filmes. "Detesto quando ela diz: 'Foi ótimo, você deve ter muita experiência'."

Como já observamos anteriormente, essa também não é a hora de falar sobre o relacionamento. O momento certo é tudo. "O que me deixa mais chateado depois do sexo é falar sobre o que precisa ser melhorado (outras coisas, além do sexo) no relacionamento", diz Saulo, 52 anos, músico, "ou tocar em um assunto que poderia muito bem ser tratado em outra hora". Por sua vez, Mateus acrescenta: "Não é o momento de dizer coisas como: 'Vamos falar de nós dois' ou 'Para onde está indo o nosso relacionamento?'".

O mais importante é que falar demais priva a mulher de curtir aquele momento. "Não converse demais", aconselha William. "Vamos saborear aqueles instantes e mergulhar na sensualidade do que acabamos de fazer juntos."

Depois do sexo, ao que parece, o silêncio realmente vale ouro.

Criticá-lo

Você se lembra do adágio: "Se não puder dizer nada gentil, é melhor não dizer nada?". Então, não há circunstância em que ele seja mais verdadeiro do que logo após o sexo. Outra forma de estragar o clima de êxtase do pós-coito é criticar a aparência dele, sua técnica, sua personalidade ou qualquer coisa assim. "Em um relacionamento firme, o que mais me chateia nesse momento é quando ela aponta os defeitos do meu corpo ou diz coisas desagradáveis", conta Jerônimo. "É um momento muito sensível." O professor Ruy concorda com isso e afirma que ele não gosta quando "ela diz que não sou bonito ou *sexy*". (As mulheres *realmente* fazem isso? Que droga!)

Alguns homens não querem ouvir nenhuma espécie de avaliação. "Detesto ofensas pela manhã", afirma Roger, 39 anos, advogado. "Não quero receber falsos elogios, mas também não quero ser criticado."

Forçar a barra

Desculpe-nos por lhe dizer isso, mas ficar nua e suada ao lado de um homem não faz de vocês dois, automaticamente, companheiros para toda a vida. (Não se aborreça conosco: somos apenas os portadores dessa notícia.) De acordo com os homens em nossa pesquisa, um dos maiores aborrecimentos no pós-sexo é quando a mulher "presume que fazer sexo significa mais do que isso realmente é", como nos conta Paulo. "Uma das coisas que me fazem querer fugir é quando ela pensa que sexo = casamento = filhos", diz Mauro, empregado de restaurante e estudante. "É claro que procuro descobrir isso antes e dessa maneira evito ir para a cama com ela."

> **ELE FALA**
> Ouça o meu conselho: o melhor momento para falar sobre relacionamento e forçar a barra é depois que vocês já tiverem feito sexo pelo menos umas cinqüenta vezes, nunca antes disso.

"Fazer pressuposições de imediato sobre o relacionamento é assustador, principalmente se for a primeira vez que transamos", comenta Alison, produtor de filmes. Para Jerônimo, os aspectos que podem cortar o clima do pós-sexo dependem da situação, mas ele também se assusta quando "em um relacionamento sem compromisso, ela declara amor eterno por mim".

Portanto, ele até pode gostar de carinhos quando o sexo termina, mas também precisa de uma certa distância emocional nesse momento, sobretudo se for no início do relacionamento. Homens como o advogado Tom, 31 anos, afirmaram que "invadir o meu espaço" é uma das suas maiores contrariedades, enquanto para o administrador de sistemas David, 43 anos, é "forçar a barra em um relacionamento que mal começou".

Agora, é preciso lembrar que o contexto é tudo. Se vocês estão juntos há algum tempo, expressar o amor que sentem um pelo outro pode ser o gesto mais natural e adequado do mundo. Nesse caso, existe melhor hora do que quando vocês acabaram de fazer amor?

Todos esses homens estão se referindo àquele tipo de mulher que força a barra muito cedo (como logo após a primeira relação sexual), antes mesmo que o casal possa se conhecer melhor. Se você tem a tendência de se envolver emocionalmente depois de dormir com alguém, então, *espere antes de pular na cama*. Porém, se você for arrastada pela paixão, não pense que isso tem um significado maior do que pura atração. Viva o momento e proteja o seu coração.

Arrepender-se

O oposto de forçar a barra é se lamentar – *na frente dele* – do fato de que você acabou de fazer sexo. Vários homens em nossa pesquisa incluíram o "arrependimento" da mulher como outro aspecto desagradável do comportamento pós-sexo. "Não se sinta culpada ou insegura sobre o que fizemos nem fique aborrecida, apenas não dê atenção a isso e se recuse a falar sobre o assunto", aconselha Nelson.

"Quando eu estava na faculdade, lembro de uma mulher me dizendo na manhã seguinte que 'a noite passada aconteceu cedo demais'", diz Patrick, profissional de *marketing*. "Aquilo foi um balde de água fria. É horrível quando alguém lamenta que dormiu com você."

Outros homens mencionaram também "agir como se nada tivesse acontecido" (Marcus, 47 anos, gerente geral); "quando ela parece não se sentir à vontade comigo" (J. B., 50 anos, engenheiro de *software*); "ignorar toda a situação" (Renan, 27 anos, estudante de pós-graduação); e "falar dos riscos decorrentes do que acabou de acontecer" (Demian, 41 anos, executivo) como atitudes infelizes para o pós-sexo.

Portanto, assumam a responsabilidade por seus atos, senhoras. Se você acordar e perceber que cometeu um grande erro – como no caso de ter bebido demais e dormido com o vizinho, como aconteceu com um dos autores deste livro – espere até que ele vá embora antes de arrancar os próprios cabelos. Quem sabe? Você pode acabar se casando com ele um dia, e não vai querer que ele conte mil vezes a história de como você mal pôde esperar para se livrar dele naquela noite.

Mudar de personalidade

Vários participantes da nossa pesquisa relataram a interessante experiência de ir para a cama com uma mulher e acordar com outra completamente diferente – e louca. Para eles, basta que a mulher faça "tudo radicalmente diferente da maneira como ela se comportou na noite anterior" (Silas, 36 anos, programador de *software*) para tirar todo o prazer da situação.

"Pensei no que poderia me fazer fugir de um relacionamento", diz Richard. "Nunca passei por essa experiência e não conseguia imaginar o que me faria sentir dessa maneira, a não ser uma mulher que agisse muito diferente do seu modo normal, em um nível que sugerisse insanidade mental."

Outros homens citaram "temperamento irracional ou peruagem" (George, 50 anos, advogado) e "dançar e atirar coisas pela sala" (Greg, 35 anos, engenheiro). Por sua vez, T. J. aconselha a também ter cuidado com alguns comportamentos no período pós-coito, afirmando que ele não gosta "quando ela ri alto e faz brincadeiras logo em seguida. Brincar é bom durante o sexo, mas não depois. Rir histericamente nunca é bom, nem durante nem depois. O bom humor é ótimo, mas o riso exagerado, não".

> **ELE FALA**
>
> Rir é o melhor remédio, menos no meio de uma transa. Não importa o que você diga, sempre iremos pensar que é a respeito do tamanho do nosso pênis, e isso fará tudo vir abaixo. Se você rir, invente uma mentira, talvez algo como "(risos, risos) mal posso acreditar que finalmente estou aqui com você. Você é demais! E o seu pênis é enorme!".

Acender um cigarro

Tem o hábito de fumar? Pois eis aqui uma boa razão para abandoná-lo. De acordo com vários entrevistados da nossa pesquisa, o cigarro é um grande anticlímax sexual. Na opinião de

Tiago, 44 anos, gerente de logística, fumar é igual ao pecado de "querer saber o que eu estou pensando".

Correr para o banheiro

É verdade, já lhe dissemos antes que muitos homens que participaram da nossa pesquisa gostam quando você tem bons hábitos de higiene pessoal. Entretanto, tudo tem o momento e a dose certa. Homens como Peter afirmaram que "levantar logo depois e tomar um banho" quebra todo o encanto do momento. O sexo pode nos desarrumar, mas não é sujo e, esperamos, nem o seu amante. "Não corra para o banheiro para se limpar", pede Breno, 40 anos, arquiteto. "Fique calma, relaxe e permaneça deitada por alguns instantes."

Se você precisar se lavar após o sexo, convide-o para acompanhá-la. Dessa maneira, você pode envolvê-lo em uma nova rodada de carícias. Quando você realmente for tomar banho, seja razoável. Anderson, 45 anos, eletricista, lembra de uma mulher que "levou o cobertor para o chuveiro. Ela estava com frio".

Final feliz

Para um certo grupo de homens, basicamente não existe nada que você possa fazer para estragar o clima pós-sexo. "Ainda não aconteceu", diz o escritor Patrício. Por sua vez, Cláudio "não consegue pensar em nada" que o fizesse sair correndo depois do sexo. Mesmo assim, não sugeriríamos pressionar demais esses homens. Com certeza, eles podem não se importar se você fumar, criticá-los, falar de festas de casamento ou correr para o banheiro logo após fazer sexo com eles. Entretanto, sugerimos evitar esses comportamentos, a não ser que vocês estejam juntos há algum tempo.

Quais são as alternativas? Enrosque-se nele, sinta o prazer do momento e entregue-se ao sono poderoso do pós-sexo. Não existe nada melhor do que isso, e ele agradecerá.

Capítulo Oito

"Minhas fantasias são comuns, banais e estereotipadas, mas são minhas e tenho orgulho delas."

Natan, 48 anos, advogado aposentado

A ilha da fantasia

Você já sabe que os homens pensam em sexo a todo momento. Supondo que isso seja verdade, em que exatamente eles pensam? Neste capítulo, os homens nos oferecem um panorama dos seus desejos eróticos mais secretos. Desejos que eles podem não realizar, mas que os excitam da mesma maneira.

As fantasias sexuais masculinas: do que os homens gostariam que as mulheres soubessem

O que o seu homem gostaria que você entendesse sobre as fantasias sexuais dele? Não se engane, porque ele *realmente* pensa nisso, o que é perfeitamente saudável. É uma pena, mas "muitos homens aprendem que isso é errado", diz Jackson, 52 anos, artista gráfico. E muitas mulheres também. É lamentável, porque as fantasias podem ser uma das maneiras mais seguras e prazerosas de uma pessoa se excitar. Veja agora o que você precisa saber sobre as fantasias masculinas:

DICA nº 1:
Ele tem muitas fantasias, e isso é normal.

Em primeiro lugar, mesmo que um homem esteja satisfeito com você, "ele tem fantasias", reconhece Robson, cientista, 59 anos. Na realidade, os homens têm "muitas fantasias", segundo Giovane, 64 anos, escritor.

As fantasias estão muito presentes na mente masculina. "Fantasiamos fazer sexo com todos os tipos de mulher, reais e imaginárias, porque é seguro e gostoso", conta Richard, 35 anos, professor. "Minhas fantasias são comuns, banais e estereotipadas, mas são minhas e tenho orgulho delas", brinca Natan, 48 anos, advogado aposentado.

Lembre-se de que as fantasias são uma ótima maneira de um homem canalizar sua energia sexual, mas não são um substituto para a vida real. "Eu apenas fantasio para ocupar a mente enquanto me masturbo", observa J. B., 50 anos, engenheiro de *software*. "Prefiro estar com você." De fato, você pode, até mesmo, ser a personagem principal na fantasia dele. "Eu fantasiei todo tipo de coisa com ela antes de realmente fazermos sexo pela primeira vez", confessa Breno, 40 anos, arquiteto.

Devaneios sexuais também podem "ajudar a melhorar o sexo e não devem ser considerados um problema", afirma Christian, 34 anos, engenheiro de *software*. Por sua vez, o enfermeiro Peter, 58 anos, acrescenta: "É só uma dimensão a mais do sexo".

DICA nº 2:
Não se sinta ameaçada – as fantasias são assim chamadas por uma razão.

Para a maioria dos homens, as fantasias são apenas fantasias. "Pensar nelas não significa que vamos sair por aí para realizá-las", comenta David, 43 anos, administrador de sistemas. "Todas são essencialmente seguras", acrescenta Jorge, 48 anos, consultor de *marketing*. Além disso, as fantasias podem ser bem complicadas, mas "elas não vão me levar para a cadeia", diz Greg, 35 anos, engenheiro.

ELE FALA

As fantasias são um exercício para o sexo verdadeiro. Algumas vezes, elas também são uma alternativa segura para quando você não está muito disposta ou para quando não nos sentimos tão capazes.

É importante saber que as fantasias masculinas não ameaçam a mulher. "São apenas coisas boas em um mundo ideal, mas sabemos que seriam desastrosas no mundo real", admite Jerônimo, 45 anos, profissional de *marketing*. "Ter fantasias não significa que ela já não me excita mais", explica T. J., músico, 42 anos.

Entretanto, ele é capaz de ficar satisfeito em deixar suas fantasias no reino da imaginação. "Realizá-las seria divertido, mas não é necessário", continua T. J. De fato, ele pode nem querer que elas se tornem realidade. "São fantasias... e não necessariamente desejos", esclarece Alison, 35 anos, produtor de filmes. A isso, Mateus, 46 anos, ativista político, acrescenta: "Não estou sendo desleal com você quando tenho essas fantasias. Não sinto a necessidade de realizá-las com você ou com qualquer outra pessoa".

"Elas não precisam saber quais são as minhas fantasias", diz Bruno, 29 anos, diretor de filmes. "Por isso elas são fantasias. Se elas se realizarem, ótimo; se não, elas permanecerão como fantasias."

> **ELE FALA**
> Para um amigo meu, as fantasias são como "paraísos eróticos seguros", por um lado porque ele se sente livre para dar asas à imaginação e, por outro, porque ele acha que a sua namorada simplesmente não compreenderia se ele as contasse para ela. Isso é uma pena porque a maioria das fantasias é saudável e, provavelmente, um indicativo de que ele é um amante maravilhosamente imaginativo.

Para os homens, as fantasias são um prazer saudável, sejam ou não realizadas. "Não é porque eu tenho uma certa fantasia que vou querer vivê-la com uma mulher", diz Patrick, 41 anos, profissional de *marketing*. "Também ela pode ter as fantasias sexuais mais selvagens com outros homens que eu não vou ficar ofendido. É por isso que são chamadas de fantasias."

De acordo com os participantes da nossa pesquisa, os homens adorariam contar suas fantasias para você, se tivessem a certeza de que a sua reação seria positiva. "Eu gostaria que elas curtissem e brincassem junto", diz Saulo, 52 anos, músico. "Gosto de falar sobre elas e o interesse das

> **DICA nº 3:**
> Ele gostaria de falar sobre as fantasias com você.

mulheres pode ser estimulante", opina Cláudio, 34 anos, também músico. "Não deveria existir nenhum medo das duas partes."

Além disso, eles gostariam que você lhes desse uma chance. "Seria bom simplesmente me satisfazer", afirma Rubens, 36 anos, vendedor. Com alguns homens, você nem teria de adivinhar: "As mulheres com quem transei *conhecem* todas as minhas fantasias", revela Paulo, 29 anos, estudante de pós-graduação.

Lembre-se de que, para os homens, falar sobre fantasias não quer dizer que eles esperam vê-las realizadas. Algumas vezes, conversar sobre um devaneio sexual já é bastante erótico. "Nem toda fantasia sexual precisa ser vivida", diz Demian, 41 anos, executivo. "É bom fantasiar junto para curtir um certo clima."

Em contrapartida, ele não se importaria se você realizasse os sonhos dele. O que nos leva à próxima dica:

DICA nº 4:
Ele pode querer experimentar uma fantasia.

Muitos homens em nossa pesquisa disseram que gostariam – muito mesmo – que você experimentasse um sonho erótico com eles. "Eu gostaria que as mulheres soubessem como realizar minhas fantasias", confessa Selton, 27 anos, estudante e garçom. "Tome a iniciativa ou anime-se em participar de fantasias inofensivas", sugere Cleiton, 31 anos, agente de controle de animais. Por sua vez, P. B., 51 anos, *headhunter*, pede para você "explorar, utilizando experiências novas, algo diferente."

Nem todo homem deseja experimentar tudo o que imagina: "Há coisas que são apenas fantasias, e outras que eu adoraria realizar", afirma Benjamin, 37 anos, empresário. Contudo, existem homens que gostariam de "experimentar todas elas", como diz Samuel, 46 anos, consultor de negócios.

Contudo, não se enganem, garotas: o seu homem quer explorar essas fantasias com *você*. "Quero realmente experimentar minhas fantasias, e seria melhor se não fosse em um encontro casual", explica Sérgio, 27 anos, estudante. "Quero vivê-las com a minha mulher", acrescenta Roberto, 45 anos, consultor autônomo. Os homens sabem que, às vezes, realizar uma fantasia pode verdadeiramente melhorar o sexo: "Quando o casal realiza uma fantasia, a relação pode ficar ainda melhor", comenta Patrick, 41 anos, profissional de *marketing*.

Lembre-se também de que há homens que ficarão felizes em contar suas fantasias para você, enquanto outros serão mais sutis e esperarão que você entenda as dicas dele. "Embora pareça comum, falar sobre a fantasia, às vezes, pode destruí-la", opina Roger, 39 anos, advogado. "Algumas pessoas são tímidas demais para falar sobre suas fantasias, então, elas insinuam certas coisas. Entretanto, se o fazem, podem ser julgadas ('Então, quer que eu use ligas e olhe você se masturbar em mim?'). Em vez disso, apenas faça o que pedi: vista as ligas e peça que eu me masturbe em você; faça da minha fantasia a sua fantasia. Você precisa ser sutil e criativa."

DICA nº 5:

Ele pode estar pensando em outra pessoa (mas tudo bem).

Isso talvez seja um choque para você, mas, *muito* de vez em quando, o seu homem pode sonhar com a modelo de biquíni que aparece na capa de uma revista qualquer quando ele está com você. Na realidade, ele pode ter esses devaneios com mais freqüência do que você imagina. "Algumas vezes pensei em outras parceiras", reconhece Jonathan, 59 anos, consultor. De acordo com os nossos entrevistados, fantasiar com outras mulheres que não a sua é um passatempo comum e completamente inofensivo. Sejamos honestos: você nunca pensou em outra pessoa naquele exato momento da paixão?

Sim, o seu homem pode fantasiar com outra mulher, mas isso não significa que ele irá trair você. Mateus resume o pensamento da maioria dos homens que participaram da nossa pesquisa ao afirmar: "Se eu lhe contar sobre todas as mulheres com quem fantasio, acho que você pensaria que eu a estou rejeitando. Porém, são só pensamentos, quase reflexos, como 'Nossa, ela é linda', então penso 'Gostaria de transar com ela'. Provavelmente, não irei, mas gosto de pensar assim, como se fosse o *meu* filme pornô. Também penso em transar com as minhas amigas o tempo todo, mas não vou falar nada disso para elas, nem necessariamente vou contar a você".

ELE FALA

Se estamos bem em nosso relacionamento, compartilhamos mais as nossas fantasias com você. Se o fizermos, prometa não fugir, nem se escandalizar, nem nos tratar como se fôssemos leprosos.

As fantasias do seu homem podem servir de consolo para eles quando você não estiver por perto. "Usamos as fantasias para cuidar de nós mesmos quando você não está disponível. Portanto, *estamos* pensando em você", diz Alex, 32 anos, gerente de operações.

DICA nº 6:

Os homens fantasiam sobre tudo.

Naturalmente, você deve estar se perguntando sobre o que os homens fantasiam, não é? A nossa pesquisa indicou que elas são bem variadas, algumas um tanto selvagens, enquanto outras meramente mostram você tomando a iniciativa:

- "Em geral, fantasio que faço sexo em lugares ou situações que ainda não experimentei", Tom, 31 anos, advogado.

- "As lésbicas me excitam demais. Não sei por que, mas é assim", Patrício, 40 anos, escritor.
- "Imagino uma mulher me seduzindo", Ruy, 45 anos, professor.
- "Nas minhas fantasias, sempre há uma mulher que deseja loucamente fazer tudo o que eu quiser. Ela é completamente lasciva e eu me deixo explorar, sem precisar dizer uma palavra", Silas, 36 anos, programador de software.
- "O sexo anal acrescenta uma outra dimensão ao meu prazer", Jonas, 24 anos, construtor.
- "Adoraria experimentar o *swing*. Eu me sinto seguro com o meu relacionamento e adoraria ver minha mulher transar com outro homem ou com outra mulher", Walter, 27 anos, gerente de *marketing*.
- "Não tenho tantas fantasias sexuais", Carlos, 27 anos, estudante de pós-graduação.
- "Não existe quase nada que eu não experimentaria", Miguel, 27 anos, analista financeiro.

ELE FALA

Inacreditavelmente, nem toda fantasia masculina mostra um cara com uma cerveja na mão, o controle remoto na outra e uma mulher fazendo sexo oral nele enquanto ele assiste a uma partida de futebol.

Todavia, existem coisas que você pensa que são fantasias masculinas comuns, mas que realmente não são. Por exemplo, "nem todos os homens imaginam transar com várias mulheres", revela Denis, 40 anos, analista. As fantasias variam de homem para homem.

A pornografia em questão

Nenhuma outra questão traz tanta insegurança ao coração feminino quanto a pornografia. Por que os homens (embora nem todos) gostam disso? Será que isso significa que ele não acha você bonita? O melhor seria você curti-la com ele, ou fazê-lo abrir mão dela? Até mesmo as mulheres que possuem uma coleção erótica saudável podem ficar assombradas ao descobrir que o seu parceiro mantém escondida uma coleção de revistas masculinas. Bem, senhoras, queremos lhes dizer uma coisa: relaxem.

Ele tem de tê-la

Goste você ou não, a pornografia faz parte da psique sexual masculina. Muitos homens que responderam à nossa pesquisa foram categóricos em relação à necessidade que sentem dela, chamando-a "necessária" (Lucas, 32 anos, estudante) e "um fato da vida" (Bernardo, 28 anos, engenheiro), no qual os homens encontram satisfação "sejam casados, sejam solteiros" (Selton, 27 anos, estudante e garçom). "Temos de tê-la", exclama Peterson, 42 anos, representante de vendas. Portanto, quanto

ELE FALA / ELA FALA

Nima diz: Se a mania dele por pornografia realmente aborrece você, tenha a sua própria. Se isso aborrecê-lo, então, ambos poderão conversar a respeito. Caso contrário, deixe para lá (desde que fique longe do acesso das crianças).

Cynthia responde: Em relação a esse último comentário, saiba que os meninos têm uma curiosidade natural sobre o assunto – e encontrarão – o esconderijo onde o pai guarda a sua pornografia. Por isso, selecione com muito cuidado o que vai colecionar.

antes você aceitar esse fato, melhor será. "Existe um lugar para a pornografia em nossa vida, então aceite-a!", diz Paulo, 29 anos, estudante de pós-graduação.

Para alguns homens, a pornografia é um fato cotidiano da vida. Por exemplo, para P. B., *headhunter* de 51 anos, o interesse nesse assunto não tem "grande importância". Na realidade, "pensamos que é divertido", afirma Anderson, eletricista, 45 anos.

Talvez um tanto defensivamente, muitos homens afirmaram que o interesse em pornografia é "perfeitamente normal". "Fazemos isso desde muito jovens, pois é uma forma de alívio seguro, privado, normal e conhecido para nós e não há nada a fazer em relação a ela", explica Cláudio, 34 anos, músico. Por sua vez, Marcus, 47 anos, gerente geral, acrescenta: "Gostamos dela. Além do mais, a pornografia não nos faz tão pervertidos que não possamos viver em sociedade como qualquer outra pessoa. Ainda seremos bons maridos e bons pais".

Outros até sugeriram que seria estranho um homem *não* gostar de pornografia (embora, como iremos discutir, existam homens perfeitamente normais que não têm nenhum interesse na matéria). "Se não tenho interesse em olhar lindos corpos ali impressos, ou estou morto ou não ficarei interessado em você também", afirma Alex, 32 anos, gerente de operações.

Não tenha medo dela

O interesse masculino pela pornografia não altera os sentimentos que eles têm por você. Isso foi o que os homens asseguraram em nossa pesquisa. A pornografia desperta "a excitação, mas não substitui nada", afirmam homens como Christian, 34 anos, engenheiro de *software*. "Ela não me afasta do que sinto pelas mulheres", garante Jorge, 48 anos, consultor de *marketing*. Na verdade, a pornografia pode muito bem *aumentar* o desejo que ele tem por você, como explica Miguel, 27 anos, analista financeiro: "Não usamos a pornografia para substituir a mulher, ao contrário, ela nos faz desejá-la ainda mais". Ele continua: "Costumo usá-la para ficar sexualmente estimulado, não para fantasiar com a garota do vídeo".

Esse interesse masculino também não significa que a sua vida sexual é deficiente. "Não é porque gostamos de pornografia que vamos pensar menos em você ou que você não nos satisfaz", garante Breno, 40 anos, arquiteto. "Não entenda isso como algo pessoal!" Isso também não quer dizer que ele espera ver você fazendo as mesmas coisas que vê nos filmes e nas revistas. "É só fantasia", diz Benjamin, 37 anos, empresário. "Não espero que minha companheira faça nada parecido."

Alguns dos nossos entrevistados observaram que você deveria entender o fato de que a pornografia apela para o ponto forte dos homens: a visão. "Pensamos de uma maneira diferente", lembra Pablo, 51 anos, artista plástico. "Os homens são estimulados visualmente, enquanto as mulheres tendem a ser estimuladas em um nível mental." Peter, 58 anos, enfermeiro, resume a questão: "Os homens ficam fascinados em olhar as xoxotas e o ato sexual". Mais uma vez, isso não tem nada que ver com você:

- "Nós não comparamos as nossas mulheres com as que aparecem nas imagens pornográficas. Trata-se estritamente de estímulos viscerais", Jackson, 52 anos, artista gráfico.
- "Só porque ficamos loucamente excitados quando olhamos outras mulheres lindas fazendo sexo não quer dizer que não gostamos de fazer sexo com a nossa companheira, nem que a amamos menos", Richard, 35 anos, professor.

- "É apenas estímulo visual. Não tem o mesmo apelo que uma mulher de verdade nem estimula todos os outros sentidos como ela faz", Jerônimo, 45 anos, profissional de *marketing*.
- "Fico excitado ao ver mulheres nuas e situações sexuais, mas isso não diminui os sentimentos que tenho por você", William, 39 anos, consultor de negócios.

Alguns homens sugeriram que a pornografia, condutor seguro de seus impulsos sexuais, é um passatempo muito melhor do que outras atividades. "Da mesma maneira que o esporte canaliza a violência em uma forma mais segura, a pornografia controla a tendência biológica masculina à promiscuidade, oferecendo-lhe uma válvula de escape totalmente imaginária", explica Richard. (Achamos essa afirmação um pouco sexista – não estamos certos de que os homens tenham sido programados para a promiscuidade – mas, quem sabe, ele tenha alguma razão.)

Por sua vez, David, 43 anos, administrador de sistemas, afirma: "Todo homem tem ao menos uma curiosidade passageira a respeito da pornografia. É melhor se masturbar com uma imagem em uma revista ou filme do que sair por aí e se arriscar a fazer sexo com uma estranha". (Ele também pode ter alguma razão, mas queremos igualmente lhe assegurar que a maioria dos homens não irá traí-la se tiver em suas mãos um exemplar de uma boa revista pornográfica.)

Em resumo: há outras coisas com as quais se preocupar. Natan, 48 anos, advogado aposentado, sintetiza bem a questão ao afirmar: "É como bife de fígado. Alguns homens comem, alguns, não, e outros simplesmente não conseguem passar sem. Tanto faz. No final das contas, é uma coisa que não provoca danos. Assim, pare de se preocupar com isso!".

Observação: se o interesse do seu homem por pornografia parece ter se tornado uma obsessão, ocupando o lugar de todas as outras atividades, como comer, dormir ou fazer sexo com a cara-metade, ou parece se desviar para práticas exageradas ou até ilegais, então a coisa passou dos limites. Poderíamos iniciar aqui uma longa discussão sobre o que é ou não "normal", mas acreditamos que você sabe onde fixar essa fronteira.

Ele quer curti-la com você

Só existe uma coisa melhor do que ser compreensiva com o interesse do seu homem por pornografia: curti-la com ele. "*Todos* nós lemos, escondemos em algum lugar e adoramos. Assim, se você puder tolerar isso sem fazer com que ele se sinta um pervertido, o seu homem a amará por isso!", diz Patrício, 40 anos, escritor. Mais ainda, "os homens não irão pensar mal de uma mulher que gosta de pornografia", garante Walter, 27 anos, gerente de *marketing*. "De fato, é extremamente excitante quando elas curtem conosco." Para muitos homens, curtir material pornográfico com as mulheres funciona como uma preliminar:

- "Não se sinta como se estivesse competindo com a pornografia. Na realidade, se você assisti-la comigo será muito bom", Mauro, 23 anos, empregado de restaurante e estudante.
- "A pornografia é uma coisa boa e as mulheres não deveriam se sentir intimidadas por ela. (A propósito, para mim, a pornografia inclui tudo, das histórias levemente eróticas aos filmes *hard-core* com sexo explícito.) Curtir pornografia junto pode ser muito gostoso", Patrick, 41 anos, profissional de *marketing*.

- “Seria legal assistir a um filme pornográfico ao lado da mulher certa”, Tony, 27 anos, assistente de produção.
- “Os homens realmente gostariam que suas companheiras desfrutassem da pornografia com eles”, Saulo, 52 anos, músico.

Entretanto, alguns homens podem *não* querer desfrutá-la ao seu lado porque não querem ser julgados por você. “Eu adoro pornografia, mas não quero necessariamente curti-la ao seu lado, porque acho que você não gostará, pensará que é degradante para uma mulher ou simplesmente uma coisa idiota e grosseira”, opina Mateus, 46 anos, ativista político.

Acima de tudo, se você passar a noite com o seu homem assistindo a um filme pornográfico, mantenha as suas inseguranças sob controle. Lembre-se deste conselho de Roger, 39 anos, advogado: “Se você embarcar nessa comigo, não fique me perguntando coisas como: ‘Você acha que ela é bonita?’, ‘Você gosta de peitos grandes, pequenos, médios etc.?’, ‘Ela é mais bonita do que eu?’. Saiba que esse tipo de pergunta me aborrece, pois em nenhum momento comparo a mulher do filme com você”.

ELE FALA

É por isso que a *Playboy* é tão boa. Ela traz artigos interessantes para você e fotos maravilhosas para ele!

É uma oportunidade de aprender alguma coisa sobre ele

Existe outra razão para você aceitar com entusiasmo o convite dele para acompanhá-lo em uma sessão especial de pornografia: é uma oportunidade rara para observar a psique masculina bem de perto. "Olhar a coleção pornográfica do seu homem pode ajudá-la a descobrir suas preferências sexuais", sugere Nelson, 31 anos, cientista. Por sua vez, Silas, programador de *software*, 36 anos, compara a pornografia com a comida de rua ao afirmar: "As pessoas inteligentes costumam evitá-la, mas duvido que algum homem não a ache tentadora". E continua: "É idiota, mas ela foi concebida para acionar nossos instintos, e é o que ela faz. Se você quiser aprender como acionar nossos instintos, poderia aprender muito com a pornografia".

Portanto, seja cuidadosa ao fazer qualquer julgamento sobre o que poderá ver. "Se você não gostar, deixe isso claro para ele, mas saiba que você está perdendo a oportunidade de saber mais sobre a sexualidade dele", lembra Mário, 34 anos, gerente de tecnologia. Uma abordagem mais adequada seria perguntar ao homem – em outro momento e sem julgamento – o que o atrai em determinado filme ou o que o atrai em determinada fotografia.

Na realidade, se, por um lado, você pode não querer superanalisar a atração dele por histórias que giram em torno de – por exemplo, espalhar leite condensado ou *chantilly* em certas partes do corpo –, por outro, perguntas sutis e curiosas podem resultar em respostas bem interessantes. Por exemplo: "Na verdade, gosto de filmes pornôs clássicos que trazem uma história e mulheres vestidas, não só gente pelada que transa sem parar", revela Mateus. "Gosto de ver mulheres mais velhas com homens jovens, mas isso não significa que quero transar com a minha mãe. Gosto quando as mulheres mostram prazer nos filmes, porque detesto vê-las serem obrigadas a fazer sexo. Não gosto de pornôs que sejam violentos. Gosto de olhar e de pensar que as coisas que parecem reais, na realidade, são falsas, porque me arrepiariam se fossem verdadeiras."

Pergunte ao seu homem do que ele gosta e por quê (e não fique chocada com a resposta dele). Se ele for reticente, conte-lhe o que excitou *você* no filme que acabaram de assistir. Tudo indica que, logo, os dois estarão simulando algumas cenas escolhidas a dedo.

A pornografia pode ser boa para a sua vida sexual

De acordo com vários homens da nossa pesquisa, a pornografia faz bem para a vida sexual. Ao estimular a nossa imaginação, "ela pode funcionar como um divertido estimulante e uma fonte de variedade", opina Oliver, 42 anos, educador. Alguns homens chegaram até a afirmar que a pornografia os faz amantes melhores. "Sem ela, não seríamos capazes de agradar as mulheres", revela Jonas, 24 anos, construtor.

Alguns homens não ligam para ela

Sim, eles realmente existem: homens que não têm o menor interesse em pornografia. "Nem *todos* se ligam nesse tipo de coisa", garante Tiago, 44 anos, gerente de logística. Para alguns, a pornografia é óbvia demais. "O explícito nem sempre é interessante", afirma Boris, 43 anos, diretor de criação. "Já a sutileza é intrigante."

Contudo, a razão mais indicada pelos homens nesse caso é, simplesmente, que eles preferem a realidade. "O real é sempre melhor", diz Samuel, 46 anos, consultor de negócios. "Quem liga para fotografias?", pergunta Bruno, 29 anos, diretor de filmes. "Sou um dos poucos homens que não assistem a filmes pornôs, um dos que nunca visitaram um *site* de pornografia na internet ou compraram revistas masculinas. Não desgosto da pornografia, apenas gosto mais da vida real."

Como J. B., 50 anos, engenheiro de *software*, resume a questão: "Prefiro estar com você".

Sexo, mentiras e videoteipe

Por um lado, existe o interesse em olhar outras pessoas fazendo sexo na tela ou em uma revista e, por outro, a vontade de estrelar o próprio filme. Dos homens que entrevistamos, 33% filmaram ou fotografaram – com a permissão das suas companheiras – a si mesmos mantendo relações sexuais. Alguns, como Paulo, 29 anos, estudante de pós-graduação, fizeram isso "só por curiosidade". Outros descobriram um verdadeiro prazer na atividade, durante e depois do relacionamento (podemos ter aí uma boa razão para não fazê-la). "É ótimo, mesmo depois que o relacionamento já acabou", revela Mário, 34 anos, gerente de tecnologia. Cláudio, músico da mesma idade, acha que embora "seja estranho olhar uma transa anos depois do fim do namoro, é muito excitante, especialmente enquanto me masturbo".

Vários homens acharam a experiência estranhamente erótica. "Depois do expediente, no escritório do meu chefe, fizemos um 'falso' pornô, no qual ela era entrevistada por mim para um emprego", conta Miguel, 27 anos, analista financeiro. "Eu estava tão excitado e nervoso que gozei antes do tempo." A sensação de perigo intensifica o prazer: "Fazer um vídeo de si mesmo é sempre perigoso, mas é um tesão não só quando filmamos, mas também quando o assistimos juntos depois", afirma Marcus, 47 anos, gerente geral. Para Jackson, 52 anos, artista gráfico, "o ato de fazer o vídeo foi melhor do que assisti-lo depois".

Entretanto, a maioria dos homens – 66% – jamais registrou seus feitos sexuais em filme. Nós os classificamos em duas categorias. Na primeira estão os homens cujo interesse era influenciado pela realidade. "Poderia ser divertido, mas não o bastante para valer o esforço", diz Samuel, 46 anos, consultor de negócios, "porque depois eu teria um filme idiota mostrando a mim mesmo um tanto atrapalhado e acima do peso". Para outros, o risco supera o excitamento: "Eu já me fotografei nu", revela Nelson, 31 anos, cientista. "Mas filmar uma relação sexual, não. Existem muitos riscos para as duas partes. Rompimentos acontecem, as pessoas expõem segredos etc." Alison, 35 anos, produtor de filmes, talvez saiba o que está falando quando aconselha: "Esse tipo de coisa *sempre* volta para nos assombrar".

Na segunda categoria, estão os homens que agarrariam a chance de filmar a si mesmos em posições comprometedoras. "Eu adoraria passar por essa experiência, mas nunca tive uma parceira que se interessasse", lamenta J. B., 50 anos, engenheiro de *software*. "A idéia me excita", pontua Patrício, 40 anos, escritor.

Vestindo a fantasia: o personagem sexual

O Carnaval é uma festa tão popular entre crianças *e* adultos, entre outras razões, porque nos oferece uma desculpa socialmente aceita para fingirmos ser outra pessoa. O mesmo acontece na cama. Interpretar um personagem com o seu amante – por exemplo, o sultão com a sua odalisca, o professor rigoroso e a aluna sensual, a deusa e o seu seguidor – pode temperar o relacionamento com espontaneidade e pura diversão. Para muitos homens, interpretar um personagem na cama é a oportunidade de realizar suas fantasias mais sensuais, o que explica por que 45% dos participantes da nossa pesquisa disseram "Claro, por que não?" quando lhes perguntamos se eles tinham algum interesse no assunto.

Mesmo os homens que não sugeririam a brincadeira para você admitem a possibilidade de um dia, quem sabe, isso acontecer. "Não é uma coisa que eu proporia, mas com certeza poderia apimentar a relação", afirma Tony, 27 anos, assistente de produção. "Variedade e novidade fazem o sexo mais excitante", diz Daniel, 38 anos, corretor de imóveis, "e interpretar um personagem nos permite expressar nossas fantasias". Assumir um papel na cama também é uma maneira de "ultrapassar os limites seguros de uma relação sexual previsível", explica Mário, 34 anos, gerente de tecnologia.

Esse tipo de brincadeira sexual pode ser uma maneira segura de explorar fantasias, pois dá asas à imaginação erótica. "Acho que ela expande nosso repertório sexual de um modo seguro porque, na verdade, você está interpretando um papel", opina Jerônimo, 45 anos, profissional de *marketing*. "Não é você de verdade, mas uma outra pessoa que você representa. Assim, posso ser tanto o dominante como o submisso, um professor ou um aluno, sem afetar a minha personalidade." Contudo, alguns homens vêem esse tipo de fantasia de maneira menos positiva. As pessoas participam desse teatro sexual porque "não estão satisfeitas nem consigo mesmas, nem com os seus companheiros", opina Ruy, 45 anos, professor.

Entretanto, para os homens que já passaram pela experiência, interpretar um personagem pode abrir novas perspectivas. "Já representei papéis bem comuns", conta Daniel. "Não exploramos os personagens a fundo. Apenas encenamos algumas atitudes e falas. Ela era a prostituta ou a garotinha e eu, o papai, coisas assim. Foi excepcional, e muito excitante."

Para Patrício, 40 anos, escritor, essa é uma atividade bem divertida: "Uma vez, minha namorada e eu participamos de um desses jogos em que cada pessoa usa uma fantasia e soluciona um mistério. Eu era um caçador australiano insolente e ela, uma austera arqueóloga inglesa. Foi bom demais! Agora, ela adora quando eu sussurro em seu ouvido com o meu sotaque australiano. Quase sempre acabamos transando. É muito divertido e, sem dúvida, melhora o sexo".

Outros levaram a brincadeira bem mais longe. Mário, 34 anos, refere-se a experiências que foram "planejadas e incluíram fantasias, estadia em quartos de hotel e diferentes cidades. Outras ocorreram no trabalho, em igrejas ou na casa dos pais. Em geral, essas experiências foram agradáveis, divertidas e satisfatórias, possibilitando diferentes tipos de interação, como fazer sexo sem tirar toda a roupa ou em posições de submissão."

Excitante ou desestimulante?

Um terço dos nossos entrevistados afirma não ter esse tipo de fetiche. Para esses homens, a realidade já é sensual o bastante. "Algumas parceiras me animaram a interpretar alguns personagens", lembra Ruy. "Acho que uma vez uma delas me pediu para ser um médico e fazer um exame nela, mas isso não funcionou para mim. Gosto de ser eu mesmo e que minhas parceiras sejam elas mesmas, embora eu adore egos provocantes, selvagens. Gosto que o sexo seja verdadeiro e não uma fantasia." David, 43 anos, administrador de sistemas, afirma: "Não sou contra a idéia, mas prefiro viver o momento presente e amar a pessoa que está comigo". Por sua vez, Tony, 27 anos, assistente de produção, acrescenta: "Em geral, não sou bom nesse jogo, por isso precisaria que alguém insistisse muito para eu participar".

Nessa mesma direção, outros homens relacionaram a fantasia com o declínio de um relacionamento sexual. "Acho que nunca cheguei a sentir tédio na cama a ponto de me perguntar 'O que podemos fazer agora?' e, então, escolher o recurso da fantasia e do fetiche", pensa Paulo, 29 anos, estudante de pós-graduação.

Para 21% dos homens que participaram da nossa pesquisa, o seu interesse em encenar um personagem na cama depende das parceiras e da situação, ou seja, depende da segurança que sentem no relacionamento. "Você tem de se sentir seguro com a pessoa, tanto emocional quanto fisicamente", diz Jerônimo. "Nunca me senti assim com a minha última namorada, por isso não experimentei nada dessas coisas. Isso também explica por que nunca dormi bem na época em que estávamos juntos." O escritor Patrício tem a mesma opinião. "Muitos caras ficam constrangidos, por isso é preciso ter certeza de que a sua companheira não irá rir de você ou perder a vontade", explica ele.

Também para outros homens, essa brincadeira sexual está relacionada à estabilidade do relacionamento. "Eu só faria isso para manter a relação – por exemplo, é fantasiar ou nada", afirma Tony, 27 anos, assistente de produção. "Para mim, isso aconteceria em um relacionamento anti-

ELE FALA

Trajes, adereços e personagens podem ser maneiras saudáveis de realizar nossas fantasias com você. Porém, na maioria das vezes, só usaremos esses recursos se nos sentirmos bem com você. As algemas, por exemplo, estão mais relacionadas à confiança que existe entre um casal do que a controle e submissão.

go ou no seu início. Acho que seria menos provável em um relacionamento novo, porém já estabelecido."

Outras vezes, tudo depende simplesmente das pessoas envolvidas. "Alguns casais são capazes de criar ilusão e clima para a encenação", conta Mário. "Outros não conseguem manter a máscara."

Há ainda quem veja essa fantasia como uma maneira negativa de fugir da realidade. "Existem homens que fazem sexo com mulheres pelas quais não sentem nenhuma atração sexual especial", comenta Ruy. "Fantasiar dessa maneira permite que eles sejam quem não são e que transem com quem não está ali."

Preferimos ver a questão de uma maneira mais construtiva. Fantasiar-se de um personagem – ou simplesmente fingir ser outra pessoa – pode ser um gatilho para o seu desejo e, em um relacionamento estável, possibilitar que o casal explore aspectos da sua personalidade sexual que são normalmente reprimidos. A *representação* tem a sua razão de ser.

Para além do trivial: práticas sexuais não-convencionais

Bizarro: é o que está escrito nos olhos (ou na mente) do observador, especialmente quando o assunto é BDSM, sigla em inglês que quer dizer *disciplina*, *dominação*, *submissão* e *sadomasoquismo*, que em português foi traduzida como *bondage*, quando essas práticas são realizadas de maneira inteiramente consensual. Ao contrário da crença geral, você não tem de usar couro nem gostar de ser chicoteada para jogar BDSM. Tudo o que você precisa é querer superar os seus limites e explorar novas e talvez inquietantes sensações, por isso, essas práticas funcionam melhor em relacionamentos bem estabelecidos, em que existe muita confiança.

Dos homens que entrevistamos, 29% estão dispostos a experimentar práticas sexuais não-convencionais, "desde que ninguém se machuque". Para eles, o BDSM é uma oportunidade de abrir mão do controle ou aceitá-lo e, assim, ficar mais próximos das suas companheiras.

- "Tenho um caráter fortemente dominador e quero fazer um jogo erótico em que a mulher seja submissa e eu possua a sua mente e o seu corpo", William, 39 anos, consultor de negócios.
- "Existem muitas coisas que eu desejaria experimentar. Em geral, gosto quando a mulher me domina e me castiga", Mauro, 23 anos, empregado de restaurante e estudante.
- "Gosto de ser dominado, estando normalmente disposto a isso desde o início. Dessa forma evito o tédio", Nelson, 31 anos, cientista.
- "Já experimentei algemas e sexo 'selvagem'. Foi incrível e nós dois gostamos demais por diferentes razões. Para mim, o melhor foi ser o dominador e compartilhar com ela fantasias muito íntimas", Daniel, 38 anos, corretor de imóveis.
- "O apelo é perder o controle, ficar submisso à vontade de outra pessoa. É um lado novo para mim. É muito bom levar a sua amante ao limite e ver quanto prazer você pode dar a ela", Jerônimo, 45 anos, profissional de *marketing*.
- "Amarrar a sua namorada é tão divertido quanto ser amarrado por ela! É ótimo ter alguém completamente submisso ao seu bel-prazer. Compramos algemas de pelúcia e as deixamos penduradas na cama. Agora, toda vez que começamos uma 'briga' de amor, um de nós poderá acabar preso às correntes", Patrício, 40 anos, escritor.

- “Nunca me envolvi numa relação assim, a não ser uma vez que levei uma chicotada numa feira de rua. Achei a experiência curiosamente estimulante. Depois que você leva uma boa pancada, os problemas do trabalho parecem irrelevantes no dia seguinte”, David, 43 anos, administrador de sistemas.

Prazer ou dor?

Os praticantes de BDSM, com freqüência, descrevem suas experiências como “intensas”. Conheça a história de Jerônimo com o *bondage*, técnica para imobilizar o parceiro feita com cordas, vendas, algemas, correntes, mordaças ou qualquer outro apetrecho: “Foram ótimas preliminares. Ela teve de se entregar e confiar em mim para excitá-la. Quando invertemos os papéis, tive de me entregar e receber, coisa que, em geral, não faço. A técnica realmente aumentou a nossa excitação quando, por fim, fizemos amor, porque tornou as preliminares muito intensas”. Por sua vez, o professor Ruy se referiu a uma namorada que gostava do *bondage*: “Eu a amarrava na cama com echarpes e ela tinha os orgasmos mais intensos da sua vida. Isso era proporcionado pela sensação de falta de liberdade que a fazia perder o controle, que tanto a impedia de sentir orgasmos plenos. Eu também experimentei, mas não gostei da sensação de submissão, embora meus orgasmos fossem igualmente intensos”.

Alguns homens experimentaram quase tudo, com resultados diferentes: “Fiz o básico: fazer sexo amarrado, andar de quatro como um cachorrinho de coleira, lutar, usar cera quente e gelo, fazer xixi, e por aí vai”, conta Mário, 34 anos, gerente de tecnologia. “Do ponto de vista da realização, o resultado dessas experiências foi variado: tanto um fracasso total quanto sucesso absoluto. Também achei difícil entender quem estava aproveitando mais: se a pessoa que domina ou a que é dominada."

Todavia, os jogos do BDSM não despertam nenhum interesse em aproximadamente 40% dos nossos entrevistados, em especial homens que comparam a prática a machucar outra pessoa. "Não sou grande fã de coisas violentas", afirma Tony. Nesse ponto, Mário concorda com ele: "Sinceramente, quando ela me pediu para bater em seu rosto, perdi o interesse".

É Ruy quem afirma: "Prazer é prazer, dor é dor. Para mim, a distinção entre uma coisa e outra é clara. O *bondage* não deixa de ser uma forma de dor (pois cerceia a liberdade), e eu não sinto prazer em impingir ou em me submeter à dor. Porém, para algumas pessoas, prazer e dor estão intimamente relacionados. Pessoalmente, acredito que os praticantes do BDSM não entenderam bem o sentido dessa prática".

Um nível de confiança

Para 32% dos homens em nossa pesquisa, a sua disposição para experimentar as práticas do BDSM depende inteiramente das suas parceiras e da situação, especialmente da segurança do seu relacionamento. "É preciso se sentir muito seguro para fazer uma coisa dessas, se não você vai ficar mais constrangido do que excitado", comenta Daniel. Por sua vez, Jerônimo observa que "tudo depende da confiança e de se sentir seguro".

Para outros homens, o interesse por esses jogos eróticos varia de um dia para o outro: "Às vezes, simplesmente não estou no clima", afirma Patrício, escritor. "É fácil ser levado pelo desvario da situação. Por isso, é preciso tomar cuidado para ninguém se machucar."

Optar por essa espécie de prática sexual também depende da estrutura psicológica dos parceiros, como sugere Mário: "Alguns casais são capazes de construir a ilusão adequada ao BDSM. Outros não conseguem suportar a dor, muito menos ter prazer com ela. Também acho que existe nessa prática uma forte conexão entre os aspectos emocionais e os psicológicos. É possível observar uma variação muito grande entre as pessoas no nível psicológico. Muitas delas tiveram experiências negativas anteriores, como estupro, abuso e negligência, e isso poderá pôr fim a qualquer relacionamento sexual (ou explicar comportamentos sexuais extremos)".

Em contrapartida, homens como Ruy vêem o BDSM como sinal de que o relacionamento está condenado e acham que a prática reproduz papéis de gênero. "Mais uma vez afirmo que muitos homens escolhem parceiras pelas quais não sentem atração sexual", insiste ele. (Será mesmo? Isso é novidade para nós. Contudo, quando pensamos em alguns casais que conhecemos, talvez ele tenha razão.) "Então, eles procuram por qualquer fantasia ou fetiche que seja capaz de reacender o seu desejo. Além disso, muitos homens são educados segundo o padrão que diz 'homem forte = sadomasoquista'. Ou seja, espera-se que sejamos capazes de gostar de um pouco de dor e sofrimento. Isso é ser um homem de verdade. Entretanto, se sentimos compaixão por outras pessoas e ficamos perturbados pela dor e pelo sofrimento, somos tachados de efeminados e fracos. Os homens também confundem a dominação com prazer. Pense no conceito de vencedor."

Nesse sentido, temos de discordar. É verdade que os homens em nossa cultura são impelidos para a violência. (Gostaríamos de saber por que a violência é tão aceita na televisão e no cinema e quando se trata de exibir cenas de sexo aplica-se a classificação "conteúdo impróprio para menores de 18 anos"?) Porém, experiências como o BDSM e outras fantasias são uma maneira de explorar seus desejos mais íntimos e, dentro de um relacionamento estável, uma opção para driblar a rotina (que, muitas vezes, *é* o fim do erotismo). Experimentar coisas novas juntos, seja um prato diferente ou um novo jogo sexual, pode reacender a velha paixão e melhorar o seu relacionamento, incluindo o sexo. Jogos eróticos como o BDSM e as fantasias não são para qualquer pessoa. Entretanto, se você for curiosa e aventureira, experimente-os – e não se sinta culpada depois!

Capítulo Nove

"Não tenha medo de nos dizer o que realmente a excita ou do que você gosta. Muitos homens farão qualquer coisa para agradar uma mulher."

Mauro, 23 anos, empregado de restaurante e estudante

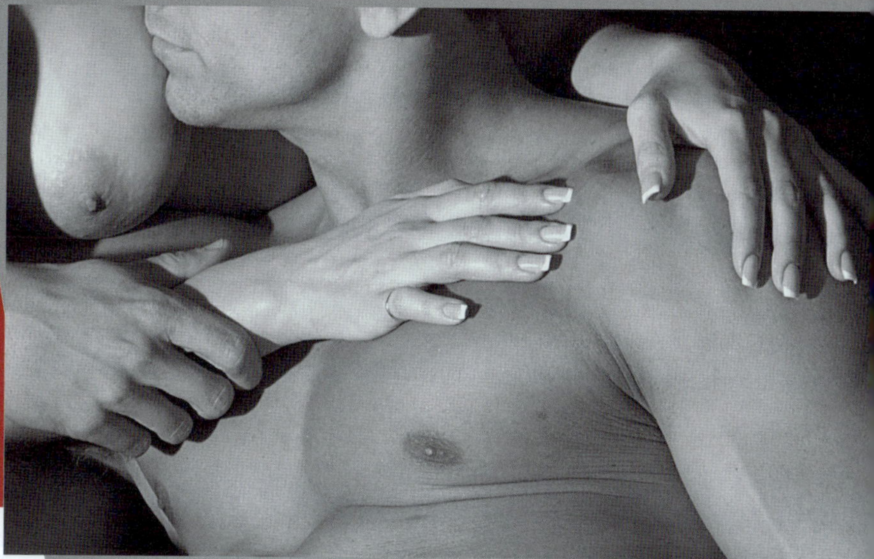

Como descobrir o que o *seu* homem quer na cama

No final, nossa pesquisa revelou uma coisa que todos nós sabemos, mas que quase sempre esquecemos: em geral, os homens têm muito em comum, porém cada indivíduo tem a sua idiossincrasia, com preferências sexuais muito próprias. A única maneira de descobrir o que o seu homem realmente quer na cama é conversar com ele. Nem ele nem você são dotados com mecanismos de percepção extra-sensorial. (Ah, você até pode pensar que tem, mas acredite: é melhor não contar com isso.)

Para início de conversa

Quando afirmamos que você deve conversar com o seu homem sobre sexo, não queremos dizer que você deve aparecer no primeiro encontro com uma lista de cinqüenta perguntas a respeito das preferências sexuais dele. Ninguém gosta de ser investigado (a não ser quando se tratar de uma fantasia em que você é a detetive e ele, o suspeito, então, tudo bem, garota). Estamos falando de um tipo de conversa que acontece natural e gradualmente, à medida que o relacionamento avança e a intimidade aumenta. Logo a partir da sua primeira vez na cama com ele, você pode mostrar o que gosta com palavras e gemidos. A seguir, estão cinco dicas para você dar a partida.

DICA nº 1: Prefira o sexo sonoro.

Esqueça a timidez e se expresse na cama. Os homens adoram ouvir suspiros, gemidos e gritos de êxtase. (Isso é um indicador de que eles estão fazendo a coisa certa.) Além disso, segurar o fôlego pode amortecer o poder do seu orgasmo. O inverso também é verdadeiro: ouvir as expressões de prazer do seu homem lhe dará um mapa do que ele mais gosta.

DICA nº 2: Fale.

Basta *dizer* a ele que você quer uma carícia um pouco mais para a esquerda, ou um pouco mais rápido, ou mais devagar. Não seja didática nem o critique na cama. Pequenas e gentis sugestões funcionam muito melhor. Portanto, na próxima vez que estiver na cama com ele, diga-lhe pelo menos uma coisa que você gostaria que ele fizesse. Mesmo se vocês estiverem juntos há anos e não forem propriamente tímidos em relação ao sexo, é uma boa idéia pedir alguma coisa nova. Muitas vezes, assumimos que o nosso parceiro "simplesmente já sabe" o que fazer. Porém, procurar novidades nunca magoou ninguém.

DICA nº 3:
Comece as preliminares mais cedo.

Fale sobre sexo antes de chegar ao quarto. Por exemplo, converse sobre o assunto durante o jantar. Seja literal, direta. Seja curiosa. Se desejar, use este livro como ponto de partida. Assim: "Li outro dia em um livro muito bom que 82% dos homens adoram olhar uma mulher se masturbar. Por que você acha que isso acontece?". Peça a ele que lhe conte as experiências que teve e quais são as suas preferências. Com isso, não apenas você o conhecerá melhor como também o fará pensar que *vocês* poderiam realizar tudo aquilo que está em discussão. (Evidentemente, é preciso ter certeza de que você gostaria de fazer tudo aquilo com ele.) Antecipar assim a excitação pode ser um poderoso afrodisíaco e, além do mais, como mencionamos anteriormente, 99% da atividade sexual acontece no órgão localizado entre as suas orelhas.

É melhor conversar sobre eventuais problemas sexuais ou assuntos relacionados ao sexo longe da cama, em um momento em que ambos estiverem tranqüilos e relaxados. Manter distância do "local do crime" pode fazer ambos se sentirem mais seguros e calmos. Lembre-se de que, como afirmou a maioria de nossos entrevistados, o período após o sexo não é a hora mais adequada para analisar a *performance* masculina nem para discutir a relação.

ELE FALA

Gosto, tato, olfato, visão e audição. Nossos cinco sentidos são caminhos maravilhosos para explorar durante as preliminares.

Eis a situação rotineira: vocês têm uma hora inteira para gastar na cama como quiserem.

DICA nº 4:

Resolva não fazer sexo.

O problema: você não pode fazer sexo de jeito nenhum. Nesse caso, podem fazer massagens ou passar o tempo todo conversando. Embora possa parecer pouco natural, resolver conscientemente *não* fazer sexo obriga o casal a se relacionar de outras maneiras. Assim, ambos se sentirão mais íntimos, e o sexo será ainda melhor da próxima vez.

Uma pesquisa realizada pelo Instituto Kinsey descobriu que 70% de homens e mulheres fantasiam durante a relação sexual. Então, experimente contar uma das suas fantasias ao seu parceiro. (Se for um relacionamento novo, é melhor começar com uma fantasia mais recatada, inocente.) Observe a reação dele. É bem provável que ele ache o fato de você ter esses devaneios eróticos muito excitante.

> ELE FALA
>
> Eu sabia que Cynthia iria dispensar aquela. Sim, vocês podem combinar não fazer sexo. Entretanto, quando vocês estão na cama olhando um para o outro um tanto desconcertados, porque não sabem sobre o que conversar, jogue essa idéia pela janela e parta para a ação!

Depois, peça a ele que lhe conte uma das fantasias sexuais dele. Porém, prometa-lhe antes que não ficará chocada (ou que não demonstrará que ficou).

DICA nº 5:

Revele uma fantasia para ele.

Evidentemente, você não é obrigada a realizar a fantasia dele. Faça isso apenas se sentir vontade. Algumas vezes, apenas descrever os seus pensamentos sexuais para ele é suficiente para que ambos fiquem extremamente excitados. Revelar o que se passa em sua mente é uma demonstração maior de intimidade, mais até do que revelar o próprio corpo. Além de aproximar um casal, faz o sexo muito melhor.

> **ELE FALA**
>
> *Não* fique chocada se o seu homem fantasiar durante o sexo. Isso é totalmente normal e, muitas vezes, é a maneira que encontramos para controlar o orgasmo. *O quê?!* Sim, às vezes, usamos fantasias para acelerar ou diminuir o ritmo do nosso coito, de maneira que o prolonguemos ou alcancemos o clímax próximo ao seu. Fantasiamos para lhe dar prazer. É assim que é e que continuará a ser.

Os homens dão seus conselhos

Poderíamos manter esta nossa conversa sobre sexo – e também os homens que participaram da nossa pesquisa – por mais 700 páginas. Mesmo após terem respondido a mais de cinqüenta perguntas, alguns deles fizeram questão de oferecer às mulheres mais alguns conselhos:

Mostre entusiasmo

- "Já disse isso antes, mas entusiasmo é a coisa mais importante para mim. Todas as técnicas, as posições e os truques não são tão importantes como mostrar entusiasmo. Quando existe entusiasmo, todas as outras coisas se ajeitam", T. J., 42 anos, músico.
- "Além de querer, você tem de mostrar que quer fazer sexo comigo, explicitamente. Olhos nos olhos é fundamental. Quero que ela adore meu orgasmo dentro dela ou em sua boca. Gemer 'hummmm' e sorrir depois de me engolir é muito excitante", Sérgio, 27 anos, estudante.

Tenha prazer

- "Entregue-se completamente. Fazer sexo é curtir o momento, é esquecer o tempo e tudo o mais. Não deixe que nada (estresse, trabalho etc.) atrapalhe", William, 39 anos, consultor de negócios.
- "A vida é muito curta para não aproveitarmos plenamente esse aspecto da nossa existência", Alison, 35 anos, produtor de filmes.

Tenha confiança em si mesma

- "Confie em si mesma: seja aberta, desinibida. Confiança é igual a fazer sexo melhor", Nelson, 31 anos, cientista.
- "É bom ser um pouco agressiva e tomar a iniciativa. Você pode me usar como seu instrumento do amor. Não me importo", Breno, 40 anos, arquiteto.

Conexão é importante

- "Para mim, a chave para manter um ótimo sexo é uma parceira flexível (física e emocionalmente), com quem eu possa compartilhar um grande senso de conexão", Samuel, 46 anos, consultor de negócios.
- "Não se trata apenas do sexo. É que o sexo faz todo o restante ficar ainda melhor", J. B., 50 anos, engenheiro de *software*.

Nem sempre eles precisam fazer sexo

- "Os homens não têm de necessariamente ter um orgasmo toda vez para gostar de sexo", Samuel, 46 anos, consultor de negócios.
- "Acredite se quiser, mas algumas vezes fico feliz em estar nu na cama e não fazer sexo; bem, pelo menos por um tempo...", Tiago, 44 anos, gerente de logística.

Atenção ao seu jogo mental

- "Em grande parte, o sexo é uma coisa mental. Você é capaz de entrar no clima de uma relação sexual tão facilmente quanto sair dele", Jonas, 24 anos, construtor.
- "Você precisa desmistificar o sexo como indicador do amor e como validação do seu valor como pessoa", George, 50 anos, advogado.

Olhar não é o mesmo que infidelidade

- "Posso olhar para outra mulher e ainda ser completamente apaixonado por você", Pablo, 51 anos, artista plástico.

Fantasias sobre infidelidade

- "Fazer sexo com outra pessoa quando somos comprometidos não deveria denotar que existem problemas emocionais. Eu gostaria de variar um pouco, mas sei que, mesmo se transar com uma nova garota, depois de um tempo ainda vou querer alguém diferente; apenas gosto de novidade e da emoção da conquista. Porém, estar comprometido é mais valioso para mim do que qualquer novidade sexual com outra pessoa. De alguma forma, compreendo quando, depois de um caso, o homem diz: 'Foi apenas sexo! Não significou nada!' Sei que isso é inaceitável, por isso eu me masturbo e fantasio. Isso é bom para mim", Mateus, 46 anos, ativista político.

> ELE FALA
> É preciso entender que a masturbação não é infidelidade. Estamos apenas praticando nossa técnica e nosso ritmo. É sério.

Quando falamos de sexo, os temas são infinitos.

Palavras finais de sabedoria

Existe uma coisa que esteve presente muitas vezes em nossa pesquisa e em nossas conversas: os homens *querem* muito falar sobre sexo com as suas parceiras. Quando contamos a esses homens que estávamos escrevendo este livro, seus olhos brilharam. Eles *quiseram* participar da pesquisa. Aliás, eles fizeram questão de que todos os seus *amigos* também participassem e se expressassem. Eles têm opiniões e sentimentos muito variados sobre sexo, mas nunca ninguém lhes perguntou nada a respeito.

Além disso, eles também estão dispostos a ouvir. "As mulheres precisam se abrir com os homens sobre seus desejos sexuais", afirma Marcus, 47 anos, gerente geral. "Não existe nada melhor do que ter um encontro de mentes sexuais!" Por sua vez, Mauro, 23 anos, empregado de restaurante e estudante, acrescenta: "Não tenha medo de nos dizer o que realmente a excita ou do que você gosta. Muitos homens farão qualquer coisa para agradar uma mulher".

Seja sempre sincera. Um dos homens de nossa pesquisa disse: "Não use o sexo como se fosse dinheiro. Se você se sente atraída por alguém, demonstre! Nós respeitamos mais o seu desejo do que ter de lutar por ele".

Nossa cultura é obcecada por sexo. Porém, podemos desejá-lo e ainda assim não aproveitá-lo plenamente nem compreendê-lo. É possível encontrar informações de todo tipo sobre as mais diferentes práticas sexuais na internet e, mesmo assim, muitos homens continuam sem saber como proporcionar um orgasmo para a sua namorada ou esposa. Discussões verdadeiras sobre sexo permanecem limitadas. "Em nossa sociedade não há estímulo para as verdadeiras conversas sobre questões sexuais", opina Mário, 34 anos. "Por isso, continue tentando!"

Quando se trata de sexo, tudo o que temos a fazer é continuar a tentar, a experimentar, a conversar um com o outro e, acima de tudo, a ter prazer com o sexo e, também, uns com os outros!

ELE FALA

Cynthia e eu sinceramente esperamos ter oferecido a você um panorama revelador sobre a psique sexual masculina e ajudado a melhor compreender os homens. Todos nós, homens, temos a esperança de que você possa enxergar mais do que as nossas falhas e dormir conosco de qualquer jeito. Se não for por amor ou autosatisfação, que seja pelo menos para garantir o futuro da raça humana. Além disso, pense em como o seu homem ficará agradecido quando você aceitar a vasta coleção de pornografia que ele mantém há anos e permitir que ele fique com ela!

Este livro foi impresso pela
gráfica Edelbra em papel *offset* 90 g.